Feito de modo especial e admirável

PHILIP YANCEY
&
DR. PAUL BRAND

Feito de modo especial e admirável
A HARMONIA ENTRE O MUNDO NATURAL E O ESPIRITUAL

Tradução
Almiro Pisetta

EDITORA VIDA
Rua Conde de Sarzedas, 246 – Liberdade
CEP 01512-070 – São Paulo, SP
Tel.: 0 xx 11 2618 7000
atendimento@editoravida.com.br
www.editoravida.com.br

©1980, de Paul Brand e Philip Yancey
Título original
Fearfully and Wonderfully Made
edição publicada por
Zondervan Publishing House
(Grand Rapids, Michigan, EUA)

Todos os direitos em língua portuguesa reservados por Editora Vida.

PROIBIDA A REPRODUÇÃO POR QUAISQUER MEIOS, SALVO EM BREVES CITAÇÕES, COM INDICAÇÃO DA FONTE.

Scripture quotations taken from *Bíblia Sagrada, Nova Versão Internacional, NVI* ®
Copyright © 1993, 2000 by International Bible Society ®.
Used by permission IBS-STL U.S.
All rights reserved worldwide.
Edição publicada por Editora Vida, salvo indicação em contrário.

Editor responsável: Marcelo Smargiasse
Editor-assistente: Gisele Romão da Cruz
Tradução: Almiro Pisetta
Edição: Lenita Esteves
Revisão: Andrea Filatro e Tatiane Souza
Revisão acordo ortográfico: Equipe Vida
Diagramação: Efanet Design e Jônatas Jacob
Capa: Douglas Lucas

Todas as citações bíblicas e de terceiros foram adaptadas segundo o Acordo Ortográfico da Língua Portuguesa, assinado em 1990, em vigor desde janeiro de 2009.

1. edição: 2006
2. edição: 2012 (Acordo Ortográfico)
1ª reimp.: abr. 2018

Dados Internacionais de Catalogação na Publicação (CIP)
(Câmara Brasileira do Livro, SP, Brasil)

Yancey, Philip
  Feito de modo especial e admirável: a harmonia entre o mundo natural e o espiritual / Philip Yancey, Paul Brand; tradução Almiro Pisetta. — 2. ed. — São Paulo: Editora Vida, 2012.

  Título original: *Fearfully and Wonderfully Made*
  Bibliografia
  ISBN 978-85-7367-989-2

  1. Corpo humano - Aspectos religiosos - Cristianismo 2. Igreja 3. Jesus Cristo - Corpo místico I. Brand, Paul. II. Título.

06-5595   CDD 262.77

Índice para catálogo sistemático:
  1. Igreja como corpo místico de Cristo : Doutrina cristã 262.77

Esta obra foi composta em *AGaramond*
e impressa por Bartira Gráfica sobre papel
Chambril Avena 70 g/m² para Editora Vida.

Os homens viajam para admirar a altura das montanhas, as ondas gigantes do mar, os longos rios, a amplidão do oceano, o movimento circular dos astros, mas passam despercebidos uns pelos outros sem se admirar.

SANTO AGOSTINHO

Tu criaste o íntimo do meu ser e me teceste no ventre de minha mãe. Eu te louvo porque me fizeste de modo especial e admirável.

DAVI
SALMOS 139.13,14

Sumário

Prefácio 11

CÉLULAS

1 Membros 17
2 Especialização 23
3 Diversidade 29
4 Valor 37
5 Unidade 45
6 Serviço 51
7 Rebelião 59

OSSOS

8 Uma estrutura 67
9 Rigidez 73
10 Liberdade 79
11 Crescimento 87
12 Adaptação 93
13 O avesso 99

PELE

14 Visibilidade	109
15 Percepção	115
16 Flexibilidade	121
17 Comunicação	127
18 Amor em ação	135
19 Confrontação	143

MOBILIDADE

20 Movimento	151
21 Equilíbrio	157
22 Disfunções	165
23 Hierarquia	173
24 Orientação	181

UMA PRESENÇA

25 Uma presença	191

Bibliografia 199

No processo da composição deste livro cerca de vinte pessoas fizeram preciosos comentários e sugestões editoriais, pelo que somos profundamente gratos. Três delas em particular — Harold Fickett, Elizabeth Sherrill e Tim Stafford — apresentaram observações construtivas que motivaram uma reestruturação mais profunda do manuscrito inteiro. Agradecemos de modo especial a elas e à nossa sensível e leal editora na Zondervan, Judith Markham.

Prefácio

Às vezes, quando uma voz, por ser demasiado forte,
não é clara, captamos no eco a sílaba perdida.
Em Deus e na natureza temos a Voz e o Eco.

HENRY DRUMMOND

Exceto neste prefácio, o pronome pessoal "eu" indicará sempre uma referência ao dr. Paul Brand. O livro está escrito da perspectiva dele. No entanto, ao contrário de muitas obras produzidas em coautoria, esta não foi escrita no estilo "com base no relato pessoal de".

Encontrei-me pela primeira vez com o dr. Brand enquanto pesquisava para escrever *Onde está Deus quando chega a dor?* Suas credenciais médicas no campo da dor são inquestionáveis. Além de 18 anos de brilhante e pioneira pesquisa sobre a moléstia da lepra na Índia, ele obteve fama mundial como cirurgião de mãos e especialista em reabilitação. Em homenagem por suas contribuições, foi agraciado com o prestigioso Prêmio Albert Lasker e recebeu da rainha Elizabeth o título de Oficial da Ordem do Império Britânico.[1]

Eu tinha conhecimento desses fatos acerca do dr. Brand antes de visitá-lo no leprosário de Carville, no estado norte-americano de Louisiana, onde ele trabalha e mora, mas não sabia da profundidade com que sua fé cristã lhe impregnou a vida e o pensamento. Na qualidade de ávido cientista,

---

[1] A biografia *Ten Fingers for God* [Dez dedos para Deus] conta a história da sua vida.

observador de pássaros, alpinista e jardineiro orgânico, ele vem lutando para integrar a ordem natural à ordem espiritual.

Durante minha segunda visita, o dr. Brand, hesitante, apanhou um manuscrito de 90 páginas, em parte datilografado e em parte tomado por suas garatujas de médico, o qual continha alguns de seus pensamentos sobre o corpo humano. O texto fora elaborado a partir de palestras que ele havia proferido na Faculdade Médica Cristã de Vellore, na Índia.

— Em certo sentido — disse ele —, nós, médicos, somos como os funcionários de um balcão de reclamações de uma grande loja de departamentos. Tendemos a formar uma visão distorcida da qualidade do produto, quando ouvimos falar o dia todo sobre suas dores e sofrimentos. Nesse pequeno manuscrito, que deixei de lado alguns anos atrás, tentei parar e refletir sobre o que Deus fez. Peguei uma antiga analogia do Novo Testamento e atualizei-a com o conhecimento mais amplo que obtemos a partir da ciência moderna. Curiosamente, cada descoberta médica parece adequar ainda mais a analogia. Nenhuma delas enfraqueceu o significado original apresentando pelo apóstolo Paulo.

A ideia de um livro sobre as analogias do corpo atraiu-me porque também sou um apreciador da harmonia entre o mundo natural e o espiritual.

O livro de G. K. Chesterton, *St. Francis of Assisi,* propõe a intrigante teoria de que a idade das trevas[2] aconteceu porque o paganismo e as diferentes mitologias tinham deturpado a ordem natural tão profundamente que os cristãos não podiam ver a natureza como parte da revelação de Deus.

> De nada adiantava dizer ao povo para seguir uma religião natural cheia de estrelas e flores. Não havia sequer uma flor ou uma estrela que não tivesse sido deturpada. As pessoas precisavam ir para o deserto onde não podiam encontrar nenhuma flor ou para uma caverna onde não podiam ver nenhuma estrela.[3]

Em consequência, praticamente todas as formas de arte submergiram durante esse período da civilização. Para os cristãos, a natureza sofrera uma profunda separação do sobrenatural.

[2] A expressão inglesa "the Dark Ages" (a idade das trevas) refere-se à alta Idade Média [N. do T.].

[3] CHESTERTON, G. K. St. Francis of Assis. Garden City: Doubleday & Co., 1957, p. 31. [**São Francisco de Assis:** a espiritualidade da paz / **São Tomás de Aquino:** as complexidades da razão. Ediouro, 2003].

Atualmente, um processo semelhante está em curso. O mundo criado perdeu seu caráter sagrado. Os cristãos o abandonaram não em favor do paganismo, mas da Física, da Geologia, da Biologia e da Química. Nós também separamos a natureza do sobrenatural.

Vi no dr. Brand um nome com credenciais impecáveis no campo da ciência, mas também um homem que podia contribuir com sua humilde consciência de como a natureza ecoa seu Criador. Elaboramos juntos muitas das aplicações específicas, e depois passei vários meses pesquisando os fundamentos médicos de cada uma das analogias. Após longas horas de entrevista, também consegui infiltrar-me na modéstia e na discrição britânica do dr. Brand para ter acesso a seu vasto reservatório de dramáticas experiências pessoais.

O dr. Brand e eu desejamos que este livro possa ajudar a transpor o abismo que por muito tempo separou o mundo criado de sua Fonte. Deus inventou a matéria. Ele investiu o seu grande eu criador neste mundo e, especificamente, no projeto do nosso corpo. O mínimo que podemos fazer é ser gratos.

É de se esperar que este livro também ajude a decifrar o misterioso e orgânico relacionamento que existe entre os membros do povo de Deus. Os autores do Novo Testamento continuamente voltavam a uma única metáfora no intuito de expressar esse relacionamento: o Corpo de Cristo. Neste primeiro livro em coautoria nós examinamos o Corpo e quatro de suas partes. É possível que um futuro volume ofereça uma continuação.

Alguém que tentava descrever a cor escarlate a um cego de nascença declarou: "É como o som de uma trombeta". Em certo sentido, os símbolos metafóricos são a única maneira que temos para captar verdades espirituais, e isso explica por que a Bíblia os utiliza com tanta frequência. Os símbolos têm algum poder. Como diz John V. Taylor: "'Nenhum homem é uma ilha' tem uma voltagem cinquenta vezes maior do que 'Nenhum homem é autossuficiente'". No campo editorial religioso dominado por livros em que mais pesa o conteúdo teológico ou a experiência pessoal, esperamos que essas analogias apresentem outro modo de perceber a realidade.

Se em algum momento você se sentir incomodado pelo fato de que nós exploramos a analogia do corpo mais a fundo do que o faz a Bíblia, por favor, feche o livro. Não queremos torcer a verdade para adequar uma analogia. Em contrapartida, talvez você concorde, como aconteceu conosco, que o corpo humano expressa a realidade espiritual de modo tão autêntico que em breve a substância comum da matéria se mostrará cada vez mais como uma simples sombra.

PHILIP YANCEY

Células

1
Membros

Eu vinha tentando pensar na terra como uma espécie de organismo, mas não dá certo. Não consigo pensar nela desse jeito. [...] A outra noite, dirigindo por uma região montanhosa e arborizada do sul da Nova Inglaterra, eu cismava com isso. Se não for com um organismo, com o que se parece, com o que mais se parece? Depois, satisfazendo-me naquele momento, descobri: a terra se parece mais com uma única célula.

LEWIS THOMAS

Lembro a primeira vez em que vi uma célula viva ao microscópio. Eu tinha 21 anos e estava fazendo um curso acelerado sobre higiene tropical no Livingstone College, na Inglaterra. Estávamos estudando parasitas, mas nossos espécimes eram mortos. Eu queria ver uma ameba viva. Certa manhã bem cedo, antes que o laboratório fervilhasse de alunos, esgueirei-me pelo velho prédio de Ciências. A imponente estrutura de tijolos vermelhos erguia-se à beira de um tanque de onde eu acabara de retirar uma xícara de água. Pedacinhos de folhas em decomposição flutuavam na água turva, exalando um cheiro de deterioração e morte.

Mas, quando expus uma gota daquela água em uma lâmina do microscópio, um mundo irrompeu cheio de vida. Centenas de organismos apareceram amontoados: delicados globos de cristal unicelulares, respirando, desdobrando-se, fugindo para cá e para lá, agitados com o calor da luz do microscópio. Inclinei um pouco a lâmina, com a intenção de enxergar além dos organismos mais rápidos. Ah, ali estava ela. Uma ameba. Simples fragmento de azul translúcido, ela era mal e mal visível a olho nu, mas o microscópio revelava até seu funcionamento interno.

Algo na ameba sussurra que ela é uma das mais básicas e primordiais de todas as criaturas. De alguma forma ela recrutou as forças diárias de milhões de esfuziantes átomos de modo que agora eles servem à vida, que difere profundamente da mera matéria. Mera partícula de gel viscoso, a ameba executa todas as funções básicas que o meu corpo executa. Ela respira, digere, excreta e se reproduz. A seu modo peculiar ela até se locomove, projetando uma parte de si mesma para a frente e em seguida movendo-se quase sem nenhum esforço, como uma gota de óleo que se espalha sobre a mesa. Depois de uma ou duas horas dessa atividade, a bolha granulada e aquosa terá avançado quase um centímetro.

Aquela gota agitada e pulsante me proporcionou a primeira imagem gráfica da selva de vida e morte em que vivemos. Vi a ameba como uma unidade autônoma com uma necessidade tremenda de viver e outra ainda mais forte de se propagar. Ela me acenava num convite para explorar a célula viva.

Os anos se passaram, e eu continuo observando células; porém, na qualidade de médico, concentro-me em como elas cooperam umas com as outras dentro do corpo.

Agora tenho meu próprio laboratório, em um leprosário situado numa região pantanosa às margens do rio Mississippi em Carville, na Louisiana. Novamente entro cedo no estabelecimento antes que alguém apareça por ali, desta vez em uma fria manhã de inverno. Apenas o suave zumbido das lâmpadas fluorescentes no teto quebra o silêncio.

Mas não vim aqui para estudar amebas. Esta manhã vou examinar um morcego albino em hibernação que está dormindo em uma caixa dentro de minha geladeira. Conto com ele para pesquisar como o corpo reage a sofrimentos e infecções. Apanho-o com cuidado, deito-o de costas e abro-lhe as asas na posição cruciforme. Sua face é estranhamente humana, semelhante a uma daquelas cabeças murchas de museu. Fico esperando que ele abra um olho e solte um grito agudo, mas nada acontece. Ele apenas dorme.

Quando coloco uma asa sob a lente do microscópio, novamente um novo universo se revela. Descobri um buraco de fechadura. A pele albina debaixo da asa é tão pálida que posso enxergar diretamente por entre as células da pele e ver os pulsantes vasos capilares. Focalizo o microscópio em um capilar azulado até poder enxergar uma a uma as células sanguíneas empurrando, bloqueando, forçando a passagem pela artéria. As células sanguíneas vermelhas são de longe as mais numerosas: discos brilhantes e lisos com a parte central recortada parecendo rosquinhas redondas de gelatina. A forma e o tamanho uniformes dão a impressão de que são fabricadas em série por uma máquina.

Mais interessantes são as células sanguíneas brancas, as forças armadas do corpo que o protegem contra invasores. Parecem exatamente amebas: bolhas amorfas de líquido túrgido com núcleos escurecidos, elas percorrem o corpo do morcego formando uma projeção semelhante a um dedo e depois se arrastando para segui-la. Às vezes elas se esgueiram junto à parede das veias, às vezes se soltam e flutuam soltas na corrente sanguínea. Para navegar os vasos capilares menores, as volumosas células brancas são obrigadas a alongar sua forma, enquanto impacientes células vermelhas se amontoam atrás delas.

Observando as células brancas, é impossível não pensar que elas são modorrentas e ineficientes no patrulhamento do território e muito piores para rechaçar invasores. Isso se aplica até ocorrer um ataque. Pego uma agulha de aço e, sem acordar o morcego, espeto-a na asa perfurando um diminuto vaso capilar. Parece ter soado um alarme. Células musculares se contraem em volta da parede capilar danificada, represando a perda do precioso sangue. Agentes coagulantes estancam o fluxo na superfície cutânea. Em breve, células de limpeza se apresentam para retirar os detritos, e fibroblastos, células reparadoras do corpo, juntam-se em torno do local da ferida. Contudo, a mudança mais dramática envolve as apáticas células brancas. Como se dotadas com o sentido do olfato (ainda não sabemos como elas "sentem" o perigo), as células brancas da redondeza interrompem de súbito sua circulação ao léu. Semelhantes a cães de caça farejando uma lebre, elas chegam de todas as direções ao ponto de ataque. Utilizando sua capacidade exclusiva de mudar de forma, infiltram-se por entre as células sobrepostas das paredes capilares e correm pelo tecido seguindo a rota mais direta. Quando chegam, começa a batalha.

Lennart Nilsson, o fotógrafo sueco famoso por seus notáveis *closes* das atividades internas do corpo, capturou em filme a batalha tal qual é observada em microscópio eletrônico. À distância, uma célula branca informe, parecida com a criatura de ficção científica chamada "A Bolha Assassina", arrasta-se na direção de um agrupamento de esferas bacterianas verde-luminosas. Como um cobertor estendido sobre um cadáver, a célula assume a forma das esferas. Por um tempo elas ainda brilham de forma estranha dentro da célula branca. Mas esta contém minúsculos grãos de explosivos químicos e, assim que as bactérias são absorvidas, eles explodem, destruindo os invasores. No espaço de 30 segundos a 1 minuto, sobra apenas a granulosa célula branca. Muitas vezes sua missão é camicase, resultando na sua própria morte.

Na economia do corpo, a morte de uma única célula branca não tem grandes consequências. A maioria vive apenas alguns dias ou semanas, e, além dos 50 bilhões de células ativas, um exército suplente 100 vezes maior fica de reserva na medula óssea. No nível celular, a guerra poderosa é um fato cotidiano. Cinquenta mil invasores podem esconder-se na borda de um copo e 1 bilhão deles pode ser encontrado em uma colher de chá de saliva. Meu corpo está envolto em bactérias — cada vez que lavo as mãos, 5 milhões são removidos de minha pele.[1]

Para combater essas ameaças, algumas das células sanguíneas brancas são direcionadas especificamente contra um tipo de invasor. Se o corpo esteve em contato com um perigo grave, como no caso de uma vacina contra a varíola, ele imprime em certas células brancas o desejo mortal de combater esse perigo sinalizado. Essas células passam a vida percorrendo a corrente sanguínea, aguardando, sondando. Com frequência elas nunca são chamadas para combater. No entanto, quando o são, detêm o poder

---

[1] As quantidades de bactérias vistas através do primeiro microscópio eficaz assombrou de tal forma os cientistas que as gerações subsequentes passaram a viver tendo plena consciência dos "germes". Promotores espertos vendem desinfetantes para esterilizar nosso ambiente, mas com demasiada frequência os matadores de germes, simplesmente matadores de células, também destroem as células boas do organismo. Atualmente precisamos de mais publicidade a favor das defesas eficazes do corpo e talvez menos medo dos germes – o lar norte-americano médio sofre mais perigos provenientes dos matadores de germes do que dos próprios germes. Eu prefiro deixar a batalha por conta de minhas próprias células.

de desarmar o agente estranho que poderia causar a destruição de todas as células do organismo.

Muitas vezes meditei sobre o paradoxo da ameba e de sua imagem espelhada, a célula ou glóbulo branco. A ameba, um organismo independente, executa sozinha todas as funções básicas da vida, dependendo de outras células somente quando as ingere como alimento. A célula branca, embora similar em sua construção e composição, em certo sentido é muito menos livre. Um organismo maior determina seus deveres, e ela precisa às vezes sacrificar a própria vida em prol desse organismo. Apesar de ser mais limitada em sua expressão, a célula branca desempenha uma função vital singular. A ameba foge do perigo, a célula branca desloca-se em direção a ele. Uma célula branca pode manter vivo alguém como Beethoven, ou Newton, ou Einstein... ou você e eu.

Às vezes penso no corpo humano como uma comunidade, e depois penso em suas células individuais, tais como os glóbulos brancos. A célula é a unidade básica de um organismo; algumas vezes pode viver por si mesma, ou pode ajudar na formação e na sustentação de um organismo maior. Lembro-me da analogia utilizada pelo apóstolo Paulo em 1Coríntios 12, onde ele compara a Igreja de Cristo com o corpo humano. Essa analogia inspirada ganha até mais significado, a meu ver, devido à ampliação de panoramas decorrente da invenção de microscópios. Sendo que a analogia de Paulo traduz um princípio básico da criação de Deus, posso expandi-la da seguinte forma:

> O corpo é uma única unidade, embora seja constituído por muitas células, e, embora suas células sejam muitas, elas formam um só corpo. [...] Se a célula branca dissesse "Como não sou uma célula do cérebro, eu não pertenço ao corpo", nem por isso ela deixaria de ser parte do corpo. E se a célula do músculo dissesse à célula do nervo ótico "Como não sou um nervo ótico, eu não pertenço ao corpo", nem por isso ela deixaria de ser parte do corpo. Se o corpo inteiro fosse uma célula ótica, onde estaria a habilidade de caminhar? Se o corpo inteiro fosse um nervo auditivo, onde estaria o sentido da visão? Mas de fato Deus

dispôs as células no corpo, todas e cada uma delas, exatamente onde ele quis que elas estivessem. Se todas as células fossem iguais, onde estaria o corpo? Sendo como é, há muitas células, mas um só corpo.

Para mim essa analogia tem um significado mais específico porque, embora uma orelha ou um pé ou uma mão não possam ter uma vida separada do corpo, uma célula tem esse potencial. Ela pode ser parte do corpo e ser leal a ele, ou então pode agarrar-se à sua própria vida. Algumas células escolhem viver no corpo, beneficiando-se dele e, ao mesmo tempo, mantendo-se em completa independência — elas se tornam parasitas ou células cancerosas.

2
Especialização

*Ser membro é não ter nem vida, nem ser, nem movimento,
exceto por meio do espírito do corpo e para o corpo.*

BLAISE PASCAL

O cientista que coleta e cataloga e a criança que passeia descalça pelo bosque ficam igualmente assombrados ante a mera profusão de criaturas que povoam o planeta. A criança se maravilha diante do desenho psicodélico de uma borboleta, persegue as súbitas "lavadeiras" (libélulas), grita ante o salto espasmódico de um escaravelho e com a respiração suspensa acaricia um coelhinho. O cientista observa mais de perto. Retira uma simples porção do solo da floresta, 30 centímetros de lado por 30 de profundidade, e começa a contar. Nesse mundo de argila que impensadamente pisamos, ele encontra "uma média de 1.356 criaturas vivas, inclusive 865 aracnídeos, 265 colêmbolos, 22 centopeias, 19 escaravelhos adultos e vários membros de outras 12 espécies".[1] Sem um microscópio eletrônico e uma paciência infinita, ele não pode preocupar-se com os dois bilhões de bactérias e os milhões de fungos e algas.

No seu laboratório, o cientista começa com a nossa amiga ameba e segue em frente, classificando do "mais baixo" ao "mais alto". Que significa a expressão "mais baixo"? Como podemos pisotear um milhão de criaturas

---

[1] DILLARD, Annie. **Pilgrim at Tinker Creek.** New York: Harper's Magazine Press, 1974. p. 94.

numa caminhada e voltar para casa sem culpa alguma? Um vegetariano convicto que bebe a água fria de uma fonte engole uma horda de criaturas — animais! — sem pestanejar. Por que devemos torcer o nariz diante de um gato atropelado no acostamento, se não notamos os bilhões de minúsculos animais pulverizados por um trator que segue abrindo uma estrada?

A chave de nossa classificação de valores é a especialização: o processo pelo qual as células se revezam, dividem o trabalho e limitam suas reações a uma única tarefa. Reconhecemos que há uma vida mais significativa no gato, um animal mais alto na escala, constituído por células inferiores trabalhando juntas. A ameba na lâmina do meu microscópio é o animal no ponto mais baixo da escala zoológica. Move-se, com certeza, porém o faz mal e mal, uma polegada por dia. Pode passar sua vida inteira confinada em uma lata ou no fundo de um pneu velho. Ao contrário de alguns seres humanos, ela nunca passeará pela Europa, nem visitará o Taj Mahal, nem escalará as Montanhas Rochosas. Para isso requerem-se células musculares especializadas, muitas fileiras delas, alinhadas como hastes de trigo em uma plantação. Os animais inferiores se arrastam, rastejam ou serpenteiam, cobrindo uns poucos metros de chão. Os superiores pulam, saltam e galopam. Outros, alados, fazem volteios, pairam no ar e mergulham. É uma questão de especialização.

Veja o órgão da visão. Uma ameba tem uma percepção visual grosseira: ela se move para a luz — e nada mais. A especialização confere ao ser humano a capacidade de olhar através da ocular do microscópio, observando as sutilezas de cor da ameba que quase não percebe nada. A ameba tem uma única célula. No interior do meu olho, fixando-se nela, há 107.000.000 de células. Sete milhões são cones, cada um carregado e pronto para disparar uma mensagem para o cérebro quando uns poucos fótons de luz cruzam seu caminho. Os cones me dão o conjunto completo das percepções cromáticas. Por causa deles posso distinguir milhares de matizes. Os outros 100 milhões de células são bastonetes, células de apoio usadas em claridade reduzida. Quando há apenas bastonetes em ação, não enxergo a cor (como em uma noite enluarada, quando tudo aparece em tons de cinza), mas posso distinguir um espectro de luz tão vasto que a luz mais acesa que percebo é 1 bilhão de vezes mais brilhante que a mais apagada.

Entre a ameba e o meu olho, existe uma estonteante gama de especialização. O Copilia, um microscópico animal que vive na baía de Nápoles, tem apenas um receptor visual, uma célula cone presa a uma haste muscular que escaneia como uma câmera televisiva em movimento. Embora o Copilia só possa absorver uma mensagem luminosa por vez, presume-se que seu cérebro pode juntar muitas mensagens e formar uma tosca imagem de seu meio.

O cérebro humano recebe milhões de relatórios simultâneos das células dos olhos. Se o comprimento de onda de luz a que ele é sensível estiver presente, cada bastonete ou cone dispara uma resposta elétrica para o cérebro, que então absorve um conjunto misto de mensagens de sins ou nãos provenientes de todos os bastonetes e cones. O cérebro separa e organiza todas essas mensagens e me transmite a imagem de uma ameba nadando na lâmina do microscópio. Comparada com a independência da ameba — que só tem uma célula — a vida parada de meus bastonetes e cones parece realmente monótona. Mas quem dentre nós trocaria de posição?

Para que a especialização funcione, a célula individual precisa perder todas as suas habilidades com exceção de uma ou duas. Um bastonete ou um cone não pode movimentar-se livremente, ao passo que uma ameba pode executar toda uma gama de minúsculas atividades. Entretanto a célula humana pode, exercendo seu papel limitado, possibilitar feitos muito mais "elevados", mais significativos. Um único bastonete pode propiciar-me a percepção do comprimento de onda de luz que completa minha apreciação de um arco-íris, de um martim-pescador mergulhando no rio ou da leve mudança de expressão no rosto de um amigo querido. Ou pode proteger-me de um desastre disparando uma mensagem para meu cérebro quando uma pedra é atirada de um viaduto contra o meu carro que se aproxima.

Em troca de seu autossacrifício, a célula individual participa do que eu chamo de êxtase da comunidade. Nenhum cientista conseguiu até hoje medir como se transmite às células do corpo a sensação de segurança ou de prazer, mas as células individuais sem dúvida têm seu papel em nossas reações emocionais. Hormônios e enzimas as inundam, provocando uma respiração acelerada, um tremor muscular, uma leve agitação no estômago. Se procurar um nervo do prazer no corpo humano, você acabará decepcionado. Não há nenhum. Há nervos para a dor, o frio, o calor, o tato, mas nenhum nervo transmite a sensação de prazer. O prazer aparece como um subproduto da cooperação de muitas células.

Que dizer do prazer sexual? Mesmo esse não é tão específico e localizado como se pensa. As zonas erógenas não têm nervos de prazer especializados. As células ali concentradas também percebem o toque e a dor. Além da estimulação de pele contra pele, o sexo inclui uma sensação de necessidade e de prazer visual, de lembranças e talvez do estímulo auditivo de um fundo musical. Também associamos com o sexo aquele amor compulsivo, complexo, que ama a si mesmo e ao outro ao mesmo tempo. Em um nível celular, ainda mais profundo, jaz um impulso de propagação da vida para garantir a sobrevivência, o qual está programado dentro de cada célula. Todos esses fatores atuam juntos para produzir o prazer sexual.

Aprecio muito outro prazer humano: ouvir uma orquestra sinfônica. Quando o faço, a principal fonte do que interpreto como prazer está localizada dentro de meu ouvido. Ali posso detectar frequências de som que me roçam os tímpanos com uma proximidade igual a um bilionésimo de centímetro (distância equivalente a um décimo do diâmetro de um átomo de hidrogênio). Essa vibração é transmitida para o ouvido interno por três ossinhos coloquialmente conhecidos como martelo, bigorna e estribo. Quando a frequência de um dó médio é percutida em um piano, o êmbolo dos ossos do ouvido interno vibra 256 vezes por segundo. Em uma parte ainda mais interna encontram-se cílios individuais, comparáveis aos bastonetes e cones dos olhos, que transmitem mensagens sonoras específicas para o cérebro. Este os combina com outros fatores — o grau do meu apreço pela música, a familiaridade que tenho com a peça executada, o estado da minha digestão, os amigos com quem estou — e apresenta a combinação de impulsos de uma forma que percebo como prazer.

A natureza inclui alguns organismos que cooperam, mas não conseguem provocar por completo esse êxtase da comunidade. Por exemplo, certas cepas de amebas juntam-se com o propósito da reprodução. Essas "amebas sociais", no mínimo dez e no máximo 500 mil, participam de um fenômeno de vida breve chamado bolor limoso. Elas se agrupam de maneira ordenada, formando um minúsculo e lustroso molusco com a forma de um projétil. Quando o molusco avança alguns centímetros, deixa uma trilha de limo, daí seu nome. As células da frente cooperam até que uma torre delas se projeta para o alto. Desenvolve-se no topo um esporo esférico cheio de amebas, conferindo ao molusco uma nova forma, quase semelhante a um cogumelo. De repente o esporo explode espalhando novas amebas pelo ambiente. Todo o fenômeno leva oito horas e demonstra uma forma simples de cooperação entre células. No entanto, nas amebas do bolor limoso, falta alguma coisa. Em nenhum ponto do processo forma-se um organismo único que traz impressos os mesmos genes e as mesmas lealdades. Muitas células do bolor limoso cooperam para o evento singular da reprodução, depois se separam e seguem seu caminho.

Contrastando com isso, o corpo humano origina-se da fertilização de um único óvulo. Em *The Medusa and the Snail* [A medusa e o caracol], Lewis Thomas indaga-se por que na se fez tanto estardalhaço acerca do primeiro bebê de proveta nascido na Inglaterra. O verdadeiro milagre, afirma ele, é a união comum de um espermatozoide e um óvulo em um processo que acaba produzindo um ser humano. "A simples existência dessa célula", escreve ele, "deveria constituir um dos maiores assombros da terra. As pessoas deveriam ficar andando por aí o dia inteiro sem falar de outra coisa exceto dessa célula. [...] Se alguém conseguir explicá-la enquanto eu estiver vivo, vou fretar um desses aviões que escrevem no céu, talvez uma frota inteira deles, para escrever nas alturas enormes pontos de exclamação, um depois do outro, por todo o céu, até meu dinheiro acabar".[2]

Durante nove meses essas células dividem funções de formas requintadas. Bilhões de células sanguíneas aparecem, milhões de bastonetes e cones — chegando ao todo a 100 trilhões de células provenientes de um único óvulo fertilizado. E finalmente nasce um bebê, reluzente de líquido. Suas células já estão cooperando entre si. Os músculos ganham agilidade em movimentos bruscos e desajeitados, o rosto se contorce, estranhando as

---

[2] THOMAS, Lewis. **The Medusa and the Snail**. New York: Viking Press, 1979. p. 155-157. [**A medusa e a lesma**. Nova Fronteira, 1979].

luzes fortes e o ar seco do novo ambiente, os pulmões e as cordas vocais se unem em um grito inaugural que sinaliza a primeira aspiração.

Naquele pacote de células enrugado e vermelho está o milagre do êxtase da comunidade. Sua vida inclui a alegria de ver a aprovação materna ante suas primeiras palavras desajeitadas, a descoberta de seus talentos e dons únicos, o contentamento de participar da vida com outros seres humanos. Ele é constituído de muitas células, mas é um único organismo. Todo o conjunto de 100 trilhões de células sabe disso.

Fechei os olhos. Já tirei os sapatos e estou movimentando os ossinhos do pé direito. Expostos, eles têm metade da largura de um lápis e, no entanto, aguentam meu peso ao caminhar. Com minha mão em concha, cubro a orelha e escuto o conhecido ruído do mar, na verdade o som de células sanguíneas precipitando-se pelos vasos capilares de minha cabeça. Estico o braço esquerdo e tento imaginar os bilhões de células musculares em um esforço harmonioso de expansão e contração. Esfrego um dedo sobre o braço e sinto a estimulação de células do tato, 450 em 2 centímetros quadrados de pele.

Dentro de mim, o estômago, o baço, o fígado, o pâncreas e os rins, cada um lotado com milhões de células leais, funcionam de modo tão eficiente que não tenho como perceber a presença deles. Finíssimos capilares em meu ouvido interno estão monitorando um fluido sibilante, preparados para alertar-me caso eu de repente perca o equilíbrio.

Quando minhas células funcionam bem, eu mal tenho consciência de sua presença individual. O que sinto é o conjunto de todas as suas atividades conhecido como Paul Brand. Meu corpo, composto de muitas partes, é um só. E essa é a raiz da analogia que vamos explorar.

3

Diversidade

Muitas vezes pensamos que, quando terminamos de estudar o um, já sabemos tudo sobre o dois, porque "dois é um mais um". Esquecemos que ainda temos de estudar o "mais".

Sir Arthur Eddington

Há mais que amebas e morcegos escondidos no meu laboratório médico. Há uma gaveta que contém um arquivo de 50 espécimes de células do corpo humano cuidadosamente classificadas. Fora do corpo, sem vida, tingidas com corantes e montadas em resina, elas mal representam a agitação das células vivas atuando dentro de mim neste momento. Mas, se as faço desfilar sob o microscópio, certas impressões a respeito do corpo tomam forma.

O que antes de tudo me deixa perplexo é a variedade delas. Quimicamente minhas células são quase iguais, mas nos aspectos visual e funcional elas diferem tanto entre si como os animais de um zoológico. As células sanguíneas vermelhas, discos semelhantes a pastilhas açucaradas, viajam pelo meu sangue carregadas de oxigênio para alimentar as outras células. As células musculares, que absorvem boa porção daquele alimento, são lisas e flexíveis, cheias de energia recolhida. As células cartilaginosas, com brilhantes núcleos pretos, parecem punhados de feijões-fradinho fortemente aglutinados para ter mais força. As células de gordura têm aparência preguiçosa e pesada, como um amontoado de sacos plásticos de lixo, brancos e inflados.

As células ósseas vivem em estruturas rígidas que transpiram força. Cortados no sentido transversal, os ossos se parecem com anéis de árvores, sobrepondo força com força e exibindo rigidez e inflexibilidade. Ao contrário disso, as células da pele ostentam padrões ondulantes de maciez e textura que sobem e descem, conferindo forma e beleza ao corpo. Desenham curvas e saliências em ângulos imprevisíveis, de modo que a impressão digital de um indivíduo — sem falar do seu rosto — é singular.

A aristocracia no mundo celular pertence às células sexuais e às nervosas. Contribuição feminina, o óvulo é uma das maiores células do corpo humano, e sua forma oval é visível a olho nu. Parece justo que todas as outras células corporais derivem dessa estrutura elegante e primordial. Em grande contraste com o tranquilo repouso do óvulo, as minúsculas células dos espermatozoides são girinos que se agitam furiosamente, têm uma cabeça dilatada e uma cauda fina. Eles lutam para posicionar-se, como se tivessem consciência de que na competição apenas um dentre bilhões terá a honra da fertilização.

A rainha das células, a que estudei durante boa parte da vida, é a célula nervosa. Tem uma aura de sabedoria e complexidade. Como uma aranha, ela se ramifica e unifica o corpo em uma rede computadorizada de fascinante sofisticação. Seus axônios, "fios" que transportam recados distantes do cérebro e para o cérebro, podem atingir o comprimento de 70 centímetros.

Nunca me canso de observar esses variados espécimes ou de folhear livros que representam células. Individualmente, elas parecem insignificantes e têm um desenho estranho, mas sei que essas partes invisíveis cooperam para derramar em mim o fenômeno da vida. A cada segundo minhas suaves células musculares regulam o calibre de meus vasos sanguíneos, suavemente empurram matéria orgânica pelo meu intestino, abrem e fecham a tubulação de meus rins. Quando tudo está bem — meu coração contraindo-se ritmicamente, meu cérebro sussurrando cheio de conhecimento, minha linfa banhando células cansadas — eu raramente penso nessas células mesmo que seja só de passagem.

Contudo acredito que essas células do meu corpo também podem me ensinar sobre organismos maiores: famílias, grupos, comunidades, aldeias, nações — e especialmente sobre uma comunidade específica que é comparada a um corpo por mais de 30 vezes no Novo Testamento. Estou falando do Corpo de Cristo, aquela rede de pessoas espalhadas pelo planeta que pouco têm em comum a não ser o fato de serem membros do grupo de seguidores de Jesus Cristo.

Meu corpo emprega um zoológico assombroso de células, nenhuma das quais se parece com o corpo maior. Exatamente assim o Corpo de Cristo engloba um agrupamento diferenciado de seres humanos. "Diferenciado" é a palavra exata, pois somos decididamente diferentes uns dos outros e daquele a quem seguimos. De quem é o projeto que origina essas cômicas formas humanas que tão vagamente refletem os ideais do Corpo como um todo?

O romancista Frederick Buechner descreve com boa dose de humor o grupo heterogêneo escolhido por Deus nos tempos bíblicos para realizar sua obra.

> Quem poderia ter previsto que Deus escolheria não Esaú, o honesto e confiável, mas Jacó, o trapaceiro e desleal; que ele poria o dedo sobre Noé, que gostava de beber, ou sobre Moisés, que estava tentando escapar de ser preso em Midiã por partir a cabeça de um egípcio e afirmou que, se não fosse uma questão de honra, ele não hesitaria em deixar que Arão voltasse e enfrentasse a situação; ou sobre os profetas, que eram um bando de maltrapilhos, completamente malucos. [...]?
> E há, naturalmente, a comédia, a imprevisibilidade da própria eleição. Dentre todos os povos que ele poderia ter escolhido como seu povo santo, ele preferiu os judeus, que, como disse alguém, são simplesmente iguais a todos os outros, só que um pouco mais — mais religiosos do que ninguém quando religiosos, e, quando seculares, seculares como se eles próprios tivessem inventado a secularidade. Depois vem a comédia da aliança — Deus dizendo "Eu os farei meu povo e serei o Deus de vocês" (Êxodo 6.7) a um povo que, antes de as palavras terem terminado de ecoar em seus ouvidos, estava dançando em volta de um bezerro de ouro como aborígenes e apaixonando-se por todas as divindades agrícolas e deuses da fertilidade que apareciam no caminho.[1]

A exceção parece ser a regra. Os primeiros seres humanos criados jogaram tudo para o ar e fizeram a única coisa que Deus lhes pediu para

---

[1] BUECHNER, Frederick. **Telling the Truth.** New York: Harper & Row, 1977. p. 57-58.

não fazer. O homem escolhido por Deus para encabeçar uma nova nação conhecida como "povo de Deus" tentou empenhar a própria esposa a um crédulo faraó. E essa mesma esposa, quando soube em plena velhice, aos 91 anos, que Deus estava disposto a dar-lhe o filho por ele prometido, soltou uma áspera gargalhada bem na cara do Senhor. Raabe, uma prostituta, tornou-se reverenciada por sua grande fé. E Salomão, até hoje o mais sábio dos homens, esforçou-se para transgredir cada um dos provérbios por ele compostos com tanta perspicácia.

Mesmo depois da vinda de Jesus o padrão se manteve. Os discípulos que mais espalharam a palavra após a partida dele, João e Pedro, foram os que ele mais censurou por brigas bobas e confusões. E o apóstolo Paulo, que escreveu mais livros do que qualquer outro autor bíblico, foi escolhido para a tarefa enquanto levantava poeira correndo de cidade em cidade à caça de cristãos para torturar. Jesus foi corajoso em confiar os elevados ideais de amor, unidade e comunhão a esse grupo. Não é de estranhar que alguns cínicos tenham olhado para a igreja e suspirado: "Se esse grupo de gente deve representar a Deus, eu mais do que depressa votarei contra ele". Ou como disse Nietzsche: "Os discípulos dele terão de parecer mais salvos para eu acreditar em seu salvador".

Todavia, o nosso estudo do Corpo de Cristo deve possibilitar esse sonho impossível, pois nada mais somos do que um grupo de pessoas tão diversas entre si quanto as células do corpo humano. Penso nas igrejas que conheci. Será que existe outra instituição por aí com um agrupamento de gente formando um mosaico tão diversificado? Jovens radicais, todos de *jeans*, dividem os bancos da igreja com banqueiros republicanos em seus ternos. Adolescentes aborrecidos desligam o sermão na tevê no exato momento em que seus ansiosos avós ligam os aparelhos auditivos. Alguns membros se juntam metodicamente como um cardume de peixes, depois se dispersam rapidamente para voltar para casa e para o trabalho. Outros querem comunidades fechadas e migram juntos como amebas sociais.

Eu poderia facilmente abanar a cabeça desaprovando o absurdo do empreendimento inteiro, ao que tudo indica fadado ao fracasso. Jesus orou para que nós "sejamos um" como ele e Deus Pai são um (João 17.11). Como é possível que um organismo resultante de tal diversidade consiga ao menos uma aparência de unidade?

Enquanto as dúvidas ecoam dentro de mim, uma voz sábia e tranquila responde: "Vocês não me escolheram. Eu escolhi vocês". O riso de satisfação ante o Corpo de Cristo fica entalado na garganta. Pois se há alguma coisa na qual se deve acreditar sobre o grupo de gente que segue a Cristo é o fato de que fomos chamados por ele. A palavra igreja, *ekklesia*, significa "os que foram chamados". Nossa trupe de figurantes de comédia é o grupo que Deus quer.

Durante minha vida de cirurgião missionário na Índia e agora como membro de uma capelinha no recinto do leprosário de Carville, vi muitos improváveis seguidores de Deus. E devo admitir que a maior parte dos meus atos de culto dos últimos 30 anos não aconteceu entre pessoas que dividem comigo o mesmo gosto em termos de música, conversa ou mesmo pensamento. Mas ao longo desses anos fiquei profunda e humildemente impressionado por encontrar Deus no rosto de colegas de culto, pela convivência com pessoas escandalosamente diferentes umas das outras e de mim.

C. S. Lewis conta que, quando ele começou a frequentar a igreja, não gostava dos hinos, por ele considerados poemas de quinta categoria adaptados a uma música ainda pior. Mas, após um tempo, ele declara:

> Percebi que os hinos (simplesmente música de sexta categoria) eram, apesar disso, cantados com devoção e proveito por um velho santo de botinas com elástico, no banco ao lado, e então você percebe que não é digno de engraxar aquelas botinas. A experiência acaba com o seu orgulho solitário.[2]

Uma cor sobre uma tela pode ser bonita por si só. Todavia, não é esparramando uma tinta sobre a tela que o artista nos mostra sua excelência, mas sim achando o lugar dela entre tons contrastantes ou complementares. A cor original deriva então riqueza e profundidade do seu meio de cores desiguais.

A base de nossa unidade no Corpo de Cristo não começa com as nossas semelhanças, mas sim com a nossa diversidade.

Parece-me seguro presumir que Deus gosta da variedade, e não apenas no nível celular. Ele não se satisfez com mil espécies de insetos. Só de escaravelhos e carunchos fez três mil. Em seu famoso discurso no livro de Jó, Deus

---

[2] LEWIS, C. S. **God in the Dock.** Grand Rapids: Eerdmans, 1970. p. 62.

apontou com orgulho para algumas singularidades da criação tais como a cabrito montês, o jumento selvagem, a avestruz e o raio com relâmpago. Ele derramou cor, forma e textura sobre o mundo, dando-nos pigmeus e watusis, louros escandinavos e morenos italianos, russos troncudos e japoneses franzinos.

As pessoas, criadas à sua imagem, continuaram o processo de individualização, agrupando-se de acordo com culturas distintas. Considere o continente asiático como exemplo de variedade excêntrica. Na China as mulheres usam calças compridas e os homens, saias. Na Ásia tropical bebe-se chá quente e masca-se pimenta ardida para refrescar o organismo. Os japoneses fritam sorvete. Os homens da Indonésia dançam em público com outros homens para demonstrar que não são homossexuais. Os ocidentais acham graça da tradição asiática de casamentos arranjados pelos pais; os asiáticos se surpreendem de que nós confiemos tal decisão a um vago amor romântico. Os homens de Bali se agacham para urinar, ao passo que as mulheres ficam de pé. Muitos asiáticos iniciam uma refeição com um doce e terminam com uma sopa. E quando os britânicos introduziram o violino na Índia um século atrás, os homens começaram a tocá-lo sentados no chão, segurando o instrumento entre o ombro e a sola do pé. Por que não?

Quando viajo para o exterior, sempre fico perplexo com a incrível diversidade do mundo, e as igrejas estrangeiras estão agora começando a mostrar essa expressão cultural própria. Por um tempo demasiado longo, elas ficaram presas às tradições ocidentais (assim como a igreja primitiva ficara presa às tradições judaicas), de modo que hinos, vestimentas, arquitetura e nomes de igrejas eram iguais pelo mundo afora. Agora as igrejas locais estão irrompendo com suas expressões espontâneas de culto a Deus. Devo tomar cuidado para não representar o Corpo de Cristo como se ele fosse composto apenas de células norte-americanas ou britânicas. Ele é muito mais vasto e mais exuberante.

Fui criado em uma denominação chamada de os Batistas Estritos e Meticulosos, de quem aprendi a fé e o amor a Deus e à Bíblia. Infelizmente, também aprendi como nós éramos sem dúvida melhores do que as outras igrejas. Não tínhamos nem sequer a permissão de desenvolver relacionamentos com outras denominações batistas. Meus bisavós, huguenotes, haviam fugido da perseguição católica na França e, quando crianças, aprendemos que freiras e padres eram parentes do Diabo. Meu crescimento cristão desde aquele tempo tem exigido alguns ajustes bruscos.

Aprendi que, quando Deus olha para o seu Corpo, espalhado como um arquipélago pelo mundo afora, ele vê o quadro completo. Creio que ele, compreendendo os contextos culturais e o verdadeiro intento dos que lhe prestam culto, gosta da variedade daquilo que vê.

Os negros de Murphy, na Carolina do Norte, gritam seus louvores a Deus. Os crentes da Áustria os entoam, ao som de magníficos órgãos e à luz de vitrais coloridos. Alguns africanos dançam seu louvor a Deus, ao ritmo de um tambor percutido com destreza. Os sossegados cristãos japoneses expressam sua gratidão criando objetos de beleza. Os indianos erguem as mãos para o alto, palma com palma, repetindo a respeitosa saudação *namaste*, que tem sua origem no conceito hindu de "eu adoro o Deus que vejo em você", mas adquire novo significado quando os cristãos a usam para reconhecer nos outros a imagem de Cristo.

O Corpo de Cristo, como o nosso próprio corpo, é composto de células individuais e desiguais que se juntam para formar um só Corpo. Ele é o quadro completo, e a alegria do Corpo aumenta quando as células individuais percebem que elas podem ser diversas, sem se tornarem postos avançados isolados.

4
Valor

Enquanto as mães norte-americanas preservam, às vezes em bronze, os primeiros sapatos de seus filhos — celebrando a liberdade e a independência —, as mães japonesas zelosamente preservam pequena parte do cordão umbilical de seu rebento — celebrando a dependência e a lealdade.

STEPHEN FRANKLIN

Menino criado na Índia, eu idolatrava meu pai missionário, sempre sensível a todas as necessidades humanas. Mas uma vez eu o vi hesitar diante de um pedido de ajuda. Eu só tinha sete anos, e notei três homens desconhecidos arrastando-se pela estrada de terra em direção à nossa casa na montanha. À primeira vista, aqueles três se pareciam com centenas de outros estranhos que acorriam em grande número à nossa casa em busca de tratamento médico. Trajavam uma tanga e um turbante e tinham um cobertor preso sobre um dos ombros. Mas, quando se aproximaram, notei algumas diferenças: tinham a pele manchada, a testa e as orelhas pareciam inchadas e traziam tiras de pano sujas de sangue atadas aos pés. Quando chegaram mais perto, notei também que lhes faltavam alguns dedos nas mãos e que um dos homens não tinha os dedos dos pés — os quais terminavam em cotos arredondados.

A reação de minha mãe destoou de sua habitual hospitalidade. Seu rosto empalideceu, assumindo um ar tenso.

— Corra, vá chamar o papai — ela sussurrou para mim. — Leve sua irmã, e fiquem os dois dentro de casa!

Minha irmã obedeceu ao pé da letra, mas eu, depois de chamar meu pai, esgueirei-me engatinhando para um posto de observação. Algo sinistro estava acontecendo, e eu não queria perder nada. Senti o coração bater forte quando observei a mesma expressão de incerteza, quase de medo, cruzar o rosto de meu pai. Lá estava ele de pé junto aos três homens, nervoso, sem jeito, como se ele não soubesse o que fazer. Eu nunca o tinha visto daquele jeito.

Os três se prostraram, um gesto indiano comum que desagradava meu pai. "Não sou Deus. Ele é o único a quem que devemos adorar", costumava dizer, fazendo os indianos ficar de pé. Mas não desta vez. Ele ficou ali parado. Finalmente, com uma voz fraca, disse:

— Não posso fazer muita coisa, lamento. Mas esperem aí onde estão, não se mexam. Vou fazer o que for possível.

Meu pai correu até o dispensário enquanto os três ficaram agachados no chão. Logo voltou com um rolo de ataduras, uma lata de pomada e um par de luvas cirúrgicas que lutava para vestir. Isso tudo era muito estranho — como conseguiria tratar deles usando luvas?

Meu pai lavou os pés dos forasteiros, enquanto minha mãe preparava algumas frutas em uma cesta de vime, que colocou no chão ao lado deles, sugerindo que a levassem. Eles apanharam as frutas, mas deixaram a cesta, e quando desapareceram descendo a montanha eu fui pegá-la.

— Não! — ordenou minha mãe. — Não toque nela! E não se aproxime do lugar onde eles se sentaram.

Em silêncio vi meu pai pegar a cesta e queimá-la, depois esfregar o chão com água quente e sabão. Em seguida minha mãe deu banho em minha irmã e em mim, embora não houvéssemos tido contato com os visitantes.

Esse incidente foi minha primeira exposição à lepra, a moléstia mais antiga de que se tem registro e talvez a mais temida ao longo da história. Embora eu pudesse ter resistido à sugestão que me ocorreu aos 7 anos de idade, acabei sentindo-me chamado a passar a vida trabalhando entre pacientes leprosos. Nos últimos 30 anos, estive na companhia deles quase todos os dias, criando muitas amizades profundas e duradouras entre essa gente corajosa. Durante esse tempo, muitos temores e preconceitos exagerados sobre a lepra caíram por terra, pelo menos no âmbito da profissão médica. Em parte devido a drogas eficazes, a lepra é hoje vista como uma moléstia controlável, muito pouco contagiosa.

Todavia, na maior parte do mundo, menos de um quarto dos pacientes leprosos recebe de fato alguma forma de tratamento. Assim, para muitos ainda se trata de uma moléstia que pode causar lesões sérias, cegueira e perda de mãos e pés. Como é que a lepra produz efeitos tão terríveis?

Ao estudar pacientes leprosos na Índia, várias descobertas me levaram a formular uma teoria bastante simples: será que as terríveis consequências da moléstia ocorrem porque os leprosos perderam a sensação da dor? A moléstia não tem semelhança alguma com um fungo devorador de carne. Ao contrário, está ligada principalmente a um único tipo de célula nervosa. Depois de anos de observação e testes, eu tinha certeza de que a teoria era bem fundamentada.

A perda gradativa da sensação de dor provoca o uso inadequado das partes do corpo que mais dependem da proteção da dor. Alguém usa um martelo com um cabo lascado, machuca-se, não sente dor e faz irromper uma infecção. Outro pisa em falso no meio-fio, torce o pé e, sem perceber, continua andando. Um terceiro perde a função do nervo que faz a pálpebra piscar a intervalos de alguns segundos para lubrificar a vista: os olhos ficam secos, e isso causa a cegueira.

Os milhões de células das mãos ou dos pés, ou as células vivas e alertas dos bastonetes e cones dos olhos, podem tornar-se inúteis devido ao colapso de apenas algumas células nervosas. Esta é a tragédia da lepra.

Pode-se constatar um padrão semelhante em outras moléstias. Na anemia falciforme ou na leucemia, a disfunção de um único tipo de célula pode rapidamente destruir alguém. Da mesma forma, se as células que garantem a ação dos filtros dos rins deixam de funcionar, a pessoa pode rapidamente vir a morrer por envenenamento.

Essa característica do corpo — o valor de cada uma das partes — é demonstrada vividamente por uma moléstia como a lepra. A falha em um tipo de célula pode provocar consequências trágicas. Quem estuda a vasta quantidade de células e sua impressionante diversidade pode acabar tendo a sensação de que cada célula individual é facilmente esgotável e tem pouca importância. Mas o mesmo corpo que nos impressiona pela especialização e diversidade também confirma que *cada um* de seus numerosos membros é precioso e muitas vezes essencial para a sobrevivência.

É interessante observar que o valor de cada um dos membros é também o aspecto mais enfatizado nas imagens bíblicas do Corpo de Cristo (veja Romanos 12.5, 1Coríntios 12 e Efésios 4.16). Preste atenção à maneira astuciosa com que Paulo se expressa em 1Coríntios:

> Ao contrário, os membros do corpo que parecem mais fracos são indispensáveis, e os membros que pensamos serem menos honrosos, tratamos com especial honra. E os membros que em nós são indecorosos são tratados com decoro especial, enquanto os que em nós são decorosos não precisam ser tratados de maneira especial. Mas Deus estruturou o corpo dando maior honra aos membros que dela tinham falta, a fim de que não haja divisão no corpo, mas, sim, que todos os membros tenham igual cuidado uns pelos outros. Quando um membro sofre, todos os outros sofrem com ele; quando um membro é honrado, todos os outros se alegram com ele (12.22-26).

O ponto principal de Paulo é claro: Cristo escolheu cada membro para dar uma contribuição única ao seu Corpo. Sem essa contribuição, o Corpo poderia sofrer disfunções graves. Paulo sublinha que os membros menos visíveis (penso em órgãos como o pâncreas, os rins, o fígado e o baço) talvez sejam os mais importantes de todos. Embora eu poucas vezes sinta gratidão por eles, eles executam funções que me mantêm vivo.

Preciso voltar outras vezes à imagem do corpo, porque na sociedade ocidental o que determina o valor das pessoas é quanto a sociedade está disposta a pagar pelos serviços de cada uma delas. Pilotos de avião, por exemplo, precisam submeter-se a formação e testes rigorosos antes de poderem pilotar aeronaves de linhas comerciais. Então são recompensados com uma vida de luxo e o respeito da sociedade. No mundo corporativo, símbolos visíveis tais como escritórios luxuosos, prêmios em dinheiro e os próprios salários proclamam o valor de determinado empregado. À medida que alguém sobe na vida, coleciona uma série de títulos que soam importantes (o governo norte-americano publica um catálogo de 10 mil deles).

No meio militar a cadeia de comando determina o valor da pessoa. Um militar presta continência aos oficiais superiores, dá ordens aos inferiores, e seu uniforme e divisas alertam a todos sobre seu *status*. No serviço civil, o *status* se reflete em um "grau GS"[1] individual, uma etiqueta numérica indicando a atividade de cada um.

Nossa cultura está cheia de sistemas classificatórios, começando desde os primeiros anos da escola fundamental, quando as crianças recebem notas que definem seu desempenho em relação ao grupo. Isso, combinado com fatores como aparência física, popularidade e desempenho esportivo, pode perfeitamente determinar o grau de valor que alguém atribui a si mesmo.

Vivendo em uma sociedade como essa, minha visão fica perturbada. Começo a achar que os porteiros têm menos valor que os pilotos de jatos. Quando isso acontece, preciso voltar à lição do corpo, que Paulo contrapõe diretamente a esse contexto de incurável competição e classificação de valores. Na sociedade humana, um porteiro tem *status* menor por ser facilmente substituível. Assim, pagamos menos a um porteiro e tendemos a encará-lo com menosprezo. Mas a divisão de trabalho do corpo não se baseia no *status*. O *status*, na verdade, é irrelevante para a tarefa que está sendo executada. Os porteiros do corpo são indispensáveis. Se você duvida disso, fale com alguém que precisa submeter-se a sessões de hemodiálise duas vezes por semana.

A Bíblia dirige palavras duras àqueles que demonstram favoritismo. Tiago descreveu uma situação com a qual todos podemos nos identificar:

> Suponham que na reunião de vocês entre um homem com anel de ouro e roupas finas, e também entre um pobre com roupas velhas e sujas. Se vocês derem atenção especial ao homem que está vestido com roupas finas e disserem: "Aqui está um lugar apropriado para o senhor", mas disserem ao pobre: "Você, fique em pé ali", ou: "Sente-se no chão, junto ao estrado onde ponho os meus pés", não estarão fazendo discriminação, fazendo julgamentos com critérios errados? (Tiago 2.2-4).

[1] Em inglês, *GS (General Schedule) grade*: um índice mínimo para pagamento de empregados segundo sua categoria profissional [N. do E.].

Ele conclui:

> Mas se tratarem os outros com parcialidade, estarão cometendo pecado e serão condenados pela Lei como transgressores. Pois quem obedece a toda a Lei, mas tropeça em apenas um ponto, torna-se culpado de quebrá-la inteiramente (Tiago 2.9-10).

Paulo declara a mesma verdade de modo positivo: "Nessa nova vida já não há diferença entre grego e judeu, circunciso e incircunciso, bárbaro e cita, escravo e livre, mas Cristo é tudo e está em todos" (Colossenses 3.11).

Em nossa sociedade classificatória que a tudo categoriza, desde times de futebol até "o melhor cachorro quente da cidade", uma atitude de valor comparativo pode facilmente infiltrar-se na igreja de Cristo. Mas o perfil do grupo de seguidores de Jesus não deveria parecer-se com uma estrutura mecânica militar ou corporativa. A Igreja que Jesus fundou mais se parece com uma família na qual o filho portador de uma deficiência congênita tem o mesmo valor de seu irmão que é bolsista da Fundação Cecil Rhodes. Como o corpo, a Igreja é composta de células muito surpreendentes em sua diversidade, mas muito eficientes em sua reciprocidade.

Deus só exige uma coisa de suas "células": que cada uma seja leal à Cabeça. Se cada célula aceitar as necessidades de todo o Corpo como o propósito de sua vida, então o corpo viverá sadio. É uma jogada brilhante, o único igualitarismo puro que vejo em toda a sociedade. Ele dotou cada pessoa no Corpo com a mesma capacidade de responder a ele. No Corpo de Cristo uma professora de jardim-de-infância tem o mesmo valor de um bispo, e o trabalho dessa professora pode ter exatamente a mesma importância. O dólar de uma viúva pode equivaler à renda anual do milionário. Timidez, beleza, eloquência, raça, sofisticação — nada disso tem importância, interessa apenas a lealdade das células à Cabeça (e, por meio dela, de uns para com os outros).

Nossa igrejinha de Carville inclui um cristão dedicado de nome Lou, nascido no Havaí, que exibe marcas causadas pela lepra. Sem cílios ou sobrancelhas, seu rosto tem uma aparência nua, nada harmoniosa, e as pálpebras paralisadas deixam-lhe os olhos cheios de lágrimas, como se ele estivesse chorando. Ele está quase totalmente cego devido à falha de algumas células nervosas na superfície dos olhos.

Lou se debate constantemente com a crescente sensação de isolamento do mundo. Seu tato quase desapareceu, e isso, somado à cegueira quase completa, faz dele um sujeito amedrontado e retraído. Seu maior temor é a possibilidade de também vir a perder a audição. Ele só pode oferecer um único "dom" à nossa igreja, além de sua presença física: cantar hinos a Deus acompanhando-se ao som de uma harpa. Nossos terapeutas fizeram uma luva que lhe permite continuar tocando o instrumento sem machucar as mãos insensíveis.

Mas aqui está a verdade do Corpo de Cristo: ninguém em Carville contribui mais para a vida espiritual de nossa igreja do que Lou tocando sua harpa. Ele exerce um impacto tão forte sobre nós como qualquer outro membro da comunidade ao oferecer como louvor a Deus o limitado e frágil tributo de sua música. Quando Lou nos deixar, ficará em nossa igreja um vazio que ninguém poderá preencher — nem mesmo um harpista profissional com seus dedos ágeis e um diploma da renomada Escola de Música Jilliard. Todos na igreja sabem que Lou é um membro vital, tendo a mesma importância de qualquer outro — e esse é o segredo do Corpo de Cristo. Se cada um de nós aprender a orgulhar-se do fato de que valemos pouco a não ser em relação ao Corpo de Cristo, e se cada um reconhecer o valor de todos os outros membros, então talvez as células do Corpo de Cristo comecem a agir como ele planejou.

5
Unidade

Não podemos viver exclusivamente para nós mesmos. A vida de cada um de nós está ligada à vida dos outros por milhares de fios invisíveis, e, ao longo dessas fibras sintonizadas, nossas ações acontecem como causas e retornam para nós como resultados.

HERMAN MELVILLE

O biólogo retira de uma incubadora um ovo contendo um pintinho completamente desenvolvido. Há apenas 14 dias esse ovo era uma célula única (a maior célula do mundo é um ovo de avestruz não fertilizado). Agora é uma massa de centenas de milhões de células, um turbilhão de protoplasma em migração, dividindo-se vertiginosamente e reorganizando-se em preparação para a vida lá fora. O biólogo quebra a casca e sacrifica o pintinho.

Conquanto o embrião agora esteja morto, algumas de suas células continuam vivas. A notícia corre rápido pelo corpo, mas podem passar dias até que os postos mais avançados se entreguem. Do minúsculo coração, o biólogo retira algumas células musculares e as deixa cair em uma solução salina. Sob o microscópio, cada célula aparece como um longo cilindro, tal qual um fuso, riscado com várias linhas que se entrecruzam como vias férreas em um entroncamento. Seu destino é pulsar, o que elas fazem mesmo no anárquico mundo isolado do corpo. Cada célula tem um ritmo incessante — pobres e inúteis palpitações quando isoladas do pintinho. Mas, se alimentadas adequadamente, essas células solitárias podem permanecer vivas.

Não estando conectadas por um marca-passo, as células pulsam de modo espasmódico, irregular, cada uma num ritmo aproximado de 350 batidas por minuto, o que é normal no caso do coração de um pintinho. No entanto, à medida que o pesquisador vai observando, ao longo do período de algumas horas, ocorre um fenômeno impressionante. Em vez de cinco células cardíacas independentes contraindo-se cada uma no seu ritmo, primeiro duas, depois três e no fim todas as células pulsam em harmonia. Já não há cinco batidas, mas apenas uma. Como essa noção de ritmo se comunica na solução salina, e por quê?

Algumas espécies de pirilampos agem de modo semelhante. Um andarilho descobre um grupo deles piscando descompassados em uma clareira da floresta. Enquanto ele observa, um por um os pirilampos entram em sincronia até que logo o andarilho vê não dezenas de luzinhas piscando, mas uma só, que se acende e se apaga, em cinquenta pontos diferentes. As células do coração e os pirilampos percebem uma exatidão inata em tocar a mesma nota ao mesmo tempo, ainda que na ausência do regente.

A cooperação, um curioso fenômeno de células que estão fora do corpo, é o regime essencial da vida dentro do corpo. Ali, todas as células do coração obedecem ao mesmo ritmo, caso contrário o animal morre. Cada célula é inundada com comunicados sobre o restante do corpo. Como a flutuante célula branca da asa do morcego sabe quais células deve atacar como invasoras e quais deve receber como amigas? Ninguém é capaz de responder, mas as células do corpo têm uma noção de *pertencimento* quase infalível.

Toda a matéria viva é basicamente parecida. Um único átomo diferencia o sangue animal da clorofila vegetal. No entanto, o corpo percebe diferenças infinitesimais com um faro que jamais se engana. Ele conhece as suas centenas de trilhões de células pelo nome. Os primeiros receptores de transplante de coração morreram não porque o coração deles falhou, mas porque o corpo deles não admitia ser enganado. Embora as novas células cardíacas se parecessem sob todos os aspectos com as antigas e batessem no ritmo certo, *elas não pertenciam* àquele corpo. Violou-se a lei da natureza que determina quais membros pertencem a que corpo. O corpo grita "Estrangeiras!" contra as células importadas e se mobiliza para destruí-las. A ciência do transplante de órgãos ainda está engatinhando porque não conseguiu solucionar esse enigma da reação imunológica.

Para complicar o processo de identidade, o complexo denominado Paul Brand — células ósseas, células gordurosas, células sanguíneas, células musculares — difere por inteiro hoje dos meus componentes de dez anos atrás. Todas as células foram substituídas por células novas (exceto as células nervosas e do cérebro, que nunca são substituídas). Assim, meu corpo mais parece uma fonte do que uma escultura: mantendo a forma, mas sendo constantemente renovado. De certo modo, o meu corpo sabe que as novas células lhe pertencem, e elas são bem-vindas.

O que leva as células a trabalhar em conjunto? O que indica a elas as mais altas e especializadas funções do movimento, da visão e da consciência através da coordenação de cem trilhões de células?

_____

O segredo que dita quais células são ou não membros de um corpo está trancado dentro do núcleo de cada célula, formando quimicamente uma sequência espiral de *DNA*. Assim que o óvulo e um espermatozoide partilham sua herança, a escada química do *DNA* se parte bem no centro de cada gene, de modo muito parecido com os dentes de um zíper que se separam. O *DNA* se forma novamente cada vez que a célula se divide: 2, 4, 8, 16, 32 células, cada uma com um *DNA* idêntico. Ao longo do processo, as células se especializam, mas cada uma carrega o livro inteiro de instruções de 100 mil genes. Estima-se que o *DNA* contém uma quantidade de instruções que, se escritas no papel, encheriam mil volumes de 600 páginas. Uma célula nervosa pode operar de acordo com instruções do quarto volume, e uma célula do rim, com instruções do volume 26, mas as duas carregam o compêndio completo.[1] Isso proporciona a cada célula credenciais lacradas de membro do corpo. Todas as células possuem um código genético tão completo que o corpo inteiro poderia ser remontado a partir da informação presente em qualquer uma de suas células. É isso o que forma a base das especulações acerca da clonagem.

O Criador do *DNA* foi mais longe e desafiou a raça humana a buscar um novo e mais elevado propósito: a qualidade de membro do seu Corpo.

---

[1] O *DNA* é tão apertado e compacto que todos os genes de todas as células do corpo caberiam no espaço de um cubo de gelo. Todavia, se o *DNA* fosse desenrolado e cada parte fosse colada à outra, teríamos um cordão que se estenderia da Terra ao Sol, ida e volta, mais de 400 vezes.

Essa qualidade começa com uma troca de substância, análoga a uma infusão de *DNA*, para cada nova célula do Corpo. A comunidade chamada Corpo de Cristo difere de todos os outros grupos humanos. Ao contrário do que acontece com um corpo político ou social, ser membro do Corpo de Cristo implica algo tão radical como uma nova marca codificada dentro de cada célula. Na verdade, eu me torno geneticamente igual ao próprio Cristo porque pertenço ao seu Corpo.

Quanto mais pondero a respeito das implicações dessa analogia, tanto mais ela me esclarece uma verdade espiritual muitas vezes afirmada pela Bíblia, mas em termos enigmáticos:

"Não percebem que Cristo está em vocês?"; "Fui crucificado com Cristo. Assim, já não sou eu quem vive, mas Cristo vive em mim" — Paulo. E: "Estou em meu Pai, vocês em mim, e eu em vocês"; "Eu sou a videira; vocês são os ramos" — Jesus (2Coríntios 13.5; Gálatas 2.20; João 14.20; João 15.5).

Só consigo sondar o conceito de ser visitado pelo Cristo vivo considerando sua correspondência paralela no mundo físico: o mistério da vida, pelo qual o *DNA* transmite uma identidade infalível a cada nova célula. Cristo infundiu em nós a vida do espírito que é simplesmente tão real quanto a vida natural. Posso às vezes duvidar de minha identidade ou talvez me *sentir* como o velho eu, mas as afirmações bíblicas são inequívocas. "Quem crê no Filho tem a vida eterna", disse Jesus, "já quem rejeita o Filho não verá a vida" (João 3.36). A diferença entre uma pessoa ligada a Cristo e outra não ligada a ele é tão profunda quanto a diferença entre um tecido morto e meu corpo orgânico. O *DNA* organizou elementos químicos e minerais para formar um corpo vivo que cresce. Todas as partes dele possuem sua identidade corporativa única. De forma paralela, Deus usa os materiais e os genes do homem natural, dividindo-os e recombinando-os com sua vida espiritual.

Jesus tornou possível essa troca: o nascimento virginal pressupõe que seu *DNA* era plenamente divino e plenamente humano, as duas características em uma só. E agora, por meio da união com Cristo, carrego dentro de mim a presença literal de Deus.

A insondável ideia de uma troca real de identidade está implícita na conversão. Jesus descreveu o processo em termos que seus ouvintes pudessem entender. Para Nicodemos, ele o descreveu como "nascer de novo" ou "nascer do alto", indicando que a vida espiritual exige uma troca de identidade tão drástica como o primeiro nascimento de alguém no mundo.

Em consequência dessa troca de substância, carregamos dentro de nós não apenas a imagem de Cristo, ou a sua filosofia, ou a fé nele, mas a verdadeira substância de Deus. Uma espantosa consequência disso nos credita os genes espirituais de Cristo: ante a presença de Deus, somos julgados a partir da perfeição de Cristo, não da nossa indignidade. "Portanto, se alguém está em Cristo, é nova criação. As coisas antigas já passaram; eis que surgiram coisas novas! [...] Deus tornou pecado por nós aquele que não tinha pecado, para que nele nos tornássemos justiça de Deus" (2Co 5.17,21). Em outra passagem, Paulo enfatiza: "Agora a sua vida está escondida com Cristo em Deus" (Cl 3.3). Nós estamos "nele" e ele "em nós".

Exatamente como o código de identidade completo do meu corpo está em cada célula individual minha, assim também a realidade de Deus permeia todas as células do seu Corpo, ligando a nós que somos membros com um vínculo verdadeiro, orgânico. Sinto esse vínculo quando me encontro com estranhos da Índia, da África ou da Califórnia que compartilham comigo da lealdade para com a Cabeça. Imediatamente nos tornamos irmãos e irmãs, células companheiras do Corpo de Cristo. Compartilho do êxtase da comunidade num Corpo universal que inclui todos os homens e mulheres em quem Deus habita.

Juntamente com os incríveis benefícios de nossa transferência de identidade, surgem algumas responsabilidades que nos fazem pensar. Quando atuamos no mundo, literalmente submetemos Deus à nossa atividade. Paulo aplicou a analogia do corpo para fazer os promíscuos coríntios entender o alcance de sua nova identidade: "Vocês não sabem que os seus corpos são membros de Cristo?", ele advertiu. "Tomarei eu os membros de Cristo e os unirei a uma prostituta? De maneira nenhuma! Vocês não sabem que aquele que se une a uma prostituta é um corpo com ela?" (1Co 6.15,16). E concluiu: "Acaso não sabem que [...] vocês não são de si mesmos? Vocês foram comprados por alto preço. Portanto, glorifiquem a Deus com o seu próprio corpo" (v. 19,20).

Não posso imaginar um argumento mais sério contra o pecado. Paulo apela não para um argumento que induz à culpa como, por exemplo, "Deus está observando vocês", mas para uma percepção madura de que nós literalmente encarnamos Deus no mundo. Trata-se realmente de um fardo pesado.

O processo de unir-se ao Corpo de Cristo pode parecer, à primeira vista, uma renúncia. Já não tenho total independência. Ironicamente, porém, a renúncia ao meu velho sistema de valores — no qual eu tinha de competir com outras pessoas baseando-me apenas no poder, na riqueza e no talento — e minha entrega a Cristo, a Cabeça, inesperadamente me libertam. Meu sentimento de competição desaparece. Já não preciso lutar contra a vida, buscando formas de me afirmar. Na minha nova identidade, meu ideal é viver a vida de tal modo que as pessoas ao redor reconheçam Jesus e seu amor, não o meu próprio conjunto de qualidades distintivas. Meu valor e minha aceitação estão encerrados em Cristo. Descobri que esse processo de renúncia e entrega é sadio, relaxante e perfeitamente bom.

6
Serviço

*É dando que se recebe, é perdoando que se é perdoado,
é morrendo que se nasce para a vida eterna.*

São Francisco de Assis

Fecho os olhos e penso em minha vida. Recuo através de lembranças evocando momentos extraordinários de intenso prazer e realização. Para minha surpresa, a mente passa ao largo de recordações hedonistas de grandes banquetes, férias emocionantes ou cerimônias de premiação. Em vez disso, ela se fixa em situações nas quais pude trabalhar lado a lado com uma equipe, e nosso trabalho nos permitiu servir a outros seres humanos. Às vezes nossa atuação ajudou a resolver problemas de visão, a deter os efeitos mutiladores da lepra ou a salvar uma perna da amputação. Na época, algumas dessas intervenções envolveram certa dose de sacrifício. Cirurgias eram realizadas em situações precárias sobre uma mesa portátil, num calor de 40 graus, tendo ao lado um jovem assistente segurando uma lanterna. Mas essas ocasiões de trabalhar em equipe, quando eu estava totalmente focado no objetivo de ajudar alguém, destacam-se com um brilho fora do comum.

Lembro-me de um paciente em particular, Sadagopan, ou Sadan, como o chamavam seus amigos. Nascido em uma família de artistas de casta alta no sul da Índia, ele era escolarizado e refinado, mas a lepra o transformara em um pária. Os transeuntes, ao notarem suas chagas, xingavam-no e se afastavam com nojo. Nas lanchonetes não o serviam, nos ônibus não o deixavam entrar.

Tomado de desespero, Sadan procurou nosso hospital em Vellore. Embora o rosto parecesse normal, ele tinha os dedos encurtados e paralisados, e os pés ulcerosos deixavam marcas úmidas por onde ele passava. Uma infecção constante lhe reduzira os ossos à metade de seu comprimento normal. Sadan estava num estágio avançado do clássico processo leproso que provoca a perda de mãos e pés, um processo que nossa equipe médica vinha lutando desesperadamente para reverter.

Nós estávamos convencidos de que a maior parte dessa deterioração física resultava principalmente do fato de ele andar sobre pés sem sensibilidade. A simples observação indicava isso, pois conseguíamos detectar a presença de pregos e marcas ásperas nos calçados de pacientes exatamente nos pontos onde seus pés apresentavam ferimentos. Se ao menos pudéssemos dividir a pressão do pé de modo uniforme sobre toda a sua superfície, talvez então a pele pudesse suportá-la e nossos pacientes pudessem caminhar sem maiores danos.

Sadan era uma pessoa ideal para testar nossa teoria. Entusiasmado, ele concordou em morar em uma cabana com paredes de barro e teto de palha do nosso Centro Vida Nova e se pôs ao nosso dispor para qualquer coisa que pudesse melhorar sua condição. Nós o deixamos de cama até que os pés ficassem livres de feridas e depois lhe demos um par de sandálias macias. Animado, ele saiu andando. Mas, em menos de uma semana, uma ferida gotejante apareceu num dos pés, e Sadan voltou para a cama. Todavia, todos continuávamos animados, pois o programa era experimental. Nós apenas precisávamos encontrar o calçado certo.

Não há como comprimir em poucos parágrafos a gangorra de nossas emoções, da esperança ao desespero, acumuladas durante os três anos seguintes. Tentamos moldes de gesso, tamancos de madeira e sapatos de plástico feitos a partir de moldes de cera. Fui até Calcutá aprender a misturar cloreto de polivinil e até a Inglaterra para testar sistemas de revestimentos plásticos por pulverização.

Eu me sentia como se estivesse tentando, e não conseguindo, garantir a vida de dois muitos estimados amigos. Um deles era o pressuposto teórico, uma convicção nascida e criada em minha mente de que a deformidade da lepra podia ser evitada com tratamento preventivo. A enfermidade atacava principalmente os nervos, acreditava eu, de modo que só precisávamos descobrir um modo de proteger os pacientes da autodestruição. Tínhamos coletado muitos dados comprovando essa teoria e obtivemos sucesso em casos menos graves. Mais do que uma teoria científica fria, a ideia era quase como um filho para nós. Diante da oposição de médicos mais velhos e experientes, nossa pequena equipe de Vellore estava lutando por uma causa que, na nossa imaginação, poderia derrubar antigos preconceitos contra a lepra. Agora, durante meses e finalmente anos, à medida que Sadan provava toda uma sequência de calçados, e víamos as feridas reaparecendo e sendo curadas para tornarem a reaparecer, nossa ideia estava morrendo.

Mas havia outro amigo a salvar: o próprio Sadan. No fim das contas, eram os pés dele que estávamos estudando. Nós jogávamos com ideias, Sadan entrava com seu corpo e sua esperança. Cheguei a um ponto em que mal conseguia suportar vê-lo e remover-lhe as meias, embora soubesse que nunca ouviria dele nenhuma queixa. Eu passara a amar Sadan e sabia que ele me amava e agarrava-se a mim como sua última esperança. Muitas vezes pensei que, para o bem dele, eu deveria desistir e amputar-lhe os pés. Pelo menos assim, com pernas de madeira, ele poderia voltar para a sua casa e família.

Depois de cada fracasso, começávamos com um novo plano — uma bota firme e alta, ou uma sola flexível com molas — e então a cada noite nos reuníamos com renovada esperança.

Às vezes um mês se passava.

— Sadan, agora realmente achamos uma solução! — eu exclamava quando não via nenhum sinal de infecção. Mas no fim, inevitavelmente, o sinal do fracasso aparecia.

Eu aliviaria a pressão em uma área onde tinha ocorrido um problema anterior só para ver o pé machucar-se em outro ponto. A equipe consolava Sadan; ele nos confortava. Mas, dentro de nós, todos chorávamos e procurávamos esconder o desespero.

Além de projetar os sapatos, eu também tinha de contribuir com árduo trabalho manual. Ao cabo de um dia de ensino e cirurgias, dirigia-me ao Centro Vida Nova e revivia minha velha profissão de carpinteiro. Com um conjunto de cinzéis, goivas e grosas, eu transformava um bloco de madeira num tamanco, depois o adaptava fazendo dele um modelo dos pés de Sadan. Enquanto ele ficava sentado num banco, eu moldava cada saliência e reentrância de seus pés para que se encaixassem no calçado. No fim lixava o produto para deixá-lo com uma textura lisa e polida que não machucasse os pés. Depois de atar os cadarços de couro, eu despachava Sadan para outro período de caminhadas experimentais.

Durante as semanas seguintes eu controlava os pontos de pressão e lhe examinava os pés para ver se havia sinais de inflamação e ajustava os tamancos segundo o que observava. No fim Sadan me trazia um dos tamancos e me mostrava uma mancha de sangue perto de uma das extremidades.

— Sinto muito — ele dizia.

— Sinto muito — eu também murmurava, e começávamos de novo. Em meio ao abatimento, porém, houve alguns bons momentos. Aprendemos que todos os calçados mais bem-sucedidos tinham um "oscilador" — uma barra rígida debaixo da sola que fazia o pé oscilar, como uma gangorra sobre um eixo, em vez de dobrar. Fato de maior importância, descobri que eu podia sentir sinais de dano nos pés do meu paciente. Embora Sadan não sentisse dor, minhas mãos eram capazes de detectar uma área de calor nos tecidos. Rapidamente aprendi que isso indicava um dano em estágio inicial e que dentro de um ou dois dias aquele ponto manchado se transformaria em uma ferida. Identificando precocemente esses pontos, eu poderia alterar o calçado ou proporcionar um descanso para os pés de modo que a pele pudesse recuperar-se.

Logo após essa descoberta, os períodos de caminhadas bem-sucedidas tornaram-se mais longos, e as crises menos frequentes. Uma esperança quase sufocante começou a tomar o lugar do desespero. Sadan passou meses sem problemas e caminhava melhor que o fizera em anos.

Depois eu fiz uma descoberta fantástica. Um dia eu estava examinando os pés dele, que eu já conhecia melhor que os meus, exultando por eles estarem frescos e sem inflamações. De repente percebi que a pele de Sadan estava diferente ao tato. Ela sempre parecera sólida, quente e tensa, ao passo que agora estava solta, fresca e quase murcha. Foi então que percebi: ali estavam os pés normais de Sadan aparecendo pela primeira vez. Durante todos aqueles anos em que nos conhecíamos, um resíduo de infecção crônica com danos recorrentes tinha mantido aqueles pés inchados e inflamados. Agora, depois de vários meses sem nenhum machucado, os fluidos de proteína começavam a ser absorvidos, deixando a pele e os ossos livres de inflamações e, portanto, capacitados a mover-se e adaptar-se às pressões do mundo exterior.

Pelo menos parte de nosso problema anterior se originara do fato de que os pés de Sadan nunca haviam retornado ao seu estado normal entre uma crise e outra. O próprio tecido que seu corpo tinha desenvolvido para combater a infecção também o tornava vulnerável à pressão mecânica. Nós o fazíamos caminhar cedo demais depois de cada recuperação aparente. Com seus nervos entorpecidos, Sadan não notava isso. Com o passar dos meses eu aprendera a sentir a dor que ele não podia sentir.

Hoje, quando viajo para a Índia, desvio-me um pouco do meu roteiro para visitar meu querido amigo Sadan, sua mulher Kokela e sua linda família. Ele está orgulhoso e independente, ganhando a vida como encarregado dos registros de um hospital. Caminha sobre um tipo de calçado basculante, usado atualmente em muitas partes do mundo por pacientes leprosos, diabéticos e outros com pés insensíveis.

Quando nos encontramos, Sadan sempre tira seu calçado e me mostra com entusiasmo os pés que há muitos anos estão livres de feridas. A pele está livre e solta, os pés frescos. Passo os dedos sobre cada contorno familiar. Quando nossos olhares se encontram, recordamos os dias de desespero e lágrimas. Mas recordamos com maior intensidade o êxtase daquele dia em que tivemos certeza de que seus verdadeiros pés finalmente conseguiram aparecer. Eu agora os chamo de meus pés, assim como ele diz que minhas mãos são as mãos dele, porque somente através delas ele consegue sentir.

Quando Jesus descrevia a vida cristã, muitas vezes seu convite para aderir a ela mais soava como uma advertência do que com um anúncio de publicidade. Ele falava em "calcular o preço", em vender tudo e em "apanhar uma cruz" e segui-lo. Embora essa atitude me intrigasse muito no passado, eu agora acredito que ele estava simplesmente enfatizando a necessidade de lealdade, que em termos biológicos significa a necessidade de as células individuais oferecerem seus serviços ao corpo inteiro. Às vezes seguir a Cabeça pode envolver uma espécie de abnegação de si mesmo, inclusive algum sofrimento. Aprendi, no entanto, em raras ocasiões como em minha experiência com Sadan, que o serviço também abre perspectivas de realização que excedem em muito quaisquer outras que já experimentei. Somos chamados à autorrenúncia não pela entrega em si, mas por uma compensação que não podemos obter de outra maneira.

Nossa cultura exalta a realização pessoal, a descoberta de si mesmo e a autonomia. Mas, de acordo com Cristo, é somente perdendo a minha vida que eu vou encontrá-la. É somente entregando-me como um "sacrifício vivo" em benefício do Corpo maior, por meio de minha lealdade a ele, que vou descobrir a minha verdadeira razão de ser.

Nós nos apegamos a um sentimento egoísta de martírio em relação a esse tipo de vida de serviço. Mas o fato é que somos chamados a negar a nós mesmos a fim de nos abrirmos para uma vida mais abundante. Nessa troca, a vantagem pende claramente para o nosso lado: o egoísmo insensível se desprende e revela o amor de Deus expresso por meio de nossas próprias mãos; esse amor, por sua vez, nos remodela à sua imagem. "Não aceitar renunciar a si mesmo", disse Henry Drummond, "significa ficar simplesmente com o eu que não foi renunciado".

Para explicar o conceito de serviço, o exemplo pessoal se presta melhor do que uma discussão abstrata. Uma vívida lembrança conduz minha mente para um francês de aparência estranha chamado Abbe Pierre. Ele chegou ao nosso leprosário em Vellore vestindo seu hábito simples de monge, carregando um cobertor sobre os ombros e uma mochila que continha todos os seus pertences. Convidei-o para ficar em minha casa, e foi ali que ele me contou sua história.

Frade católico, ele fora designado para trabalhar entre os mendigos de Paris depois da 2ª Guerra Mundial. Na época os mendigos daquela cidade não tinham para onde ir, e no inverno muitos deles morriam congelados na rua. Abbe Pierre começou tentando despertar o interesse da comunidade pelo problema dos pobres, mas não obteve êxito. Concluiu que o único recurso era mostrar aos mendigos como se eles próprios podiam mobilizar-se. Primeiro, ensinou-lhes a fazer melhor suas tarefas. Em vez de recolherem garrafas e trapos esporadicamente, Abbe dividiu os mendigos em equipes para limpar a cidade. Em seguida, orientou-os na construção de um armazém com tijolos descartados e iniciou uma atividade comercial: eles faziam a triagem de enormes quantidades de garrafas usadas provenientes de hotéis e empresas. Finalmente, Pierre inspirou cada mendigo atribuindo-lhe a responsabilidade de ajudar outro semelhante mais pobre. O projeto então realmente começou a obter sucesso. Fundou-se uma organização chamada Emaús para perpetuar a obra de Pierre, com filiais em outros países.

Agora, segundo o próprio Pierre me contou, depois de anos de trabalho em Paris, não há mais mendigos naquela cidade francesa. Pierre acreditava que sua organização estava prestes a enfrentar uma difícil crise.

— Preciso encontrar alguém que os meus pobres possam ajudar! — declarou Pierre, que já começara a procurar em outras partes mundo afora.

Foi durante uma dessas viagens que ele veio até Vellore. Acabou descrevendo seu dilema:

— Se não encontrarmos pessoas em condições piores que as dos meus mendigos, esse movimento poderá voltar-se para dentro de si mesmo. Eles se tornarão uma organização poderosa, rica, e todo o impacto espiritual será perdido. Não terão ninguém a quem servir.

Quando deixamos a casa na direção do alojamento dos estudantes para o almoço, minha cabeça estava zunindo com a sincera procura de Abbe Pierre por "alguém que meus mendigos possam ajudar!".

Havia uma tradição entre os estudantes de medicina em Vellore sobre a qual eu de antemão advertia todos os hóspedes. Os convidados para o almoço deviam levantar-se e dizer algumas palavras apresentando-se e explicando a razão de sua visita. Tal como os estudantes de outras partes, os nossos também eram alegres e impacientes. Eles tinham criado uma regra tácita de três minutos de tolerância. Se algum hóspede ultrapassasse os três minutos de fala (ou se parecesse um chato antes desse limite), os estudantes batiam os pés no chão e o faziam sentar-se.

No dia de sua visita, Pierre levantou-se, e eu o apresentei ao grupo. Eu podia ver os estudantes indianos olhando para ele cheios de interrogações — para aquele baixinho narigudo, nada atraente, vestindo um hábito esquisito e surrado. Pierre começou falando em francês. Um colega de trabalho chamado Heinz e eu tentamos traduzir o que ele dizia. Nenhum de nós dois tinha muita prática com o francês, língua que ninguém falava naquela parte da Índia. Assim só interferíamos de vez em quando, resumindo em uma só frase o que ele dizia.

Abbe Pierre começou lentamente, mas logo acelerou, como uma fita de gravador que gira rápido demais, com frases sobrepondo-se uma à outra, gesticulando o tempo todo. Eu estava muito tenso porque ele ia contando toda a história do seu movimento, e eu sabia que os estudantes fariam calar aquele grande e humilde homem. Pior, eu lamentavelmente não estava conseguindo traduzir suas frases rápidas e inflamadas. Ele acabara de visitar a sede da ONU, onde tinha ouvido dignitários manipular palavras floreadas e altissonantes para proferir insultos contra outros países. Pierre dizia que não é necessário usar língua alguma para expressar amor, só para expressar ódio. A linguagem do amor é aquilo que se *faz*. Depois ele foi falando cada vez mais rápido, e Heinz e eu nos entreolhamos e demos de ombros, sem nada poder fazer.

Três minutos se passaram, eu fui para o fundo da sala e olhei ao redor. Ninguém se movia. Os estudantes indianos fixavam Pierre com seus penetrantes olhos negros, os rostos extasiados. Ele continuava falando sem parar, e ninguém o interrompia. Depois de 20 minutos, Pierre sentou-se, e de imediato os estudantes irromperam no aplauso mais fantástico que jamais ouvi naquela sala.

Completamente confuso, senti a necessidade de interrogar alguns estudantes:

— Como vocês entenderam? Ninguém aqui fala francês.

Um dos estudantes me respondeu: — Nós não precisamos de uma língua. Sentimos a presença de Deus e a presença do amor.

Abbe Pierre tinha aprendido a disciplina do serviço leal que determina a saúde do corpo. Viera para Índia e encontrara pacientes leprosos para satisfazer sua desesperada busca de alguém em piores condições que as dos mendigos dele, e depois de encontrá-los sentia-se tomado de amor e alegria. Ele voltou para seus mendigos na França, e eles e o movimento Emaús trabalharam para doar uma nova ala ao hospital de Vellore. Haviam encontrado gente que precisava da ajuda deles, de modo que os motivos espirituais de sua vida se conservaram vivos. Assim o movimento Emaús prosperou como uma parte do Corpo de Cristo disposta a servir.

7
Rebelião

Uma enorme tecnologia parece ter escolhido para si a tarefa de livrar o ser humano da necessidade de jamais pedir aos outros o que quer que seja, ao longo de suas atividades do dia-a-dia. Procuramos uma privacidade cada vez maior e, quando a conseguimos, nós nos sentimos cada vez mais alienados e solitários.

PHILIP SLATER

Na estação ferroviária central de Madras, na Índia, jazia uma mendiga em condições mais lastimáveis que as de outros mendigos que vi por lá. Ela se postara ao longo da fila de passageiros que corriam para pegar um trem. Executivos com suas pastas de negócios passavam por ela, assim como ricos turistas e funcionários do governo.

Como muitos mendigos indianos, aquela mulher era magra e pálida, tinha as faces e os olhos encovados, e os membros eram puros ossos. Paradoxalmente, porém, uma enorme massa de pele roliça, redonda e lisa como uma linguiça, saía-lhe do flanco e ficava a seu lado como um bebê informe, ligado a ela por uma larga ponte de pele. A mulher expusera seu flanco com aquela deformidade grotesca para levar vantagem sobre os pedintes rivais na busca de compaixão. Embora a visse apenas por um instante, tive certeza de que aquela excrescência era um lipoma, um tumor de células gordurosas. Fazia parte dela e ao mesmo tempo não fazia. Era como se algum cirurgião tivesse extraído um naco de gordura de alguém que pesasse 150 quilos, e depois o tivesse embrulhado em pele viva e habilmente costurado nessa mulher. Ela estava morrendo de fome, erguendo sem forças uma mão em formato de aranha para pedir esmolas. Mas seu tumor prosperava, tendo quase o mesmo peso do resto do corpo. Luzia ao sol, esbanjando saúde e sugando-lhe a vida.

Células gordurosas: o tumor da mendiga de Madras compunha-se inteiramente de uma orgíaca comunidade desse tipo de células. Em nossa cultura ocidental tão atenta à imagem, a palavra "gordura" conota falta de disciplina, uma aglomeração desnecessária de células que deveria ser reduzida.

Todavia, do ponto de vista de um cirurgião que passa o bisturi pela pele, expondo camadas oleaginosas de células gordurosas, a conotação negativa é compensada por um senso de valor da adiposidade. Esta isola contra o frio, e por isso bilhões de células gordurosas se juntam exatamente abaixo da pele. (Devido a esse fato, as pessoas gordas têm melhores chances de sobreviver em temperaturas baixas que as pessoas magras.) As células gordurosas armam suas barracas sempre que encontram espaço ao redor de órgãos e músculos internos e entre as camadas do corpo. Sua presença ajuda a proteger essas partes vitais contra choques violentos.

Nada influencia mais a aparência do que a gordura. Por que as mulheres jovens são tão agradáveis aos olhos? Uma abundância de células adiposas esconde as irregularidades de ossos e músculos, conferindo à pele um contorno liso e suave.

Mas a função da gordura não se limita a isolar o calor e a criar belos contornos. Cada célula adiposa é um armazém contendo um glóbulo amarelo de óleo que empurra o núcleo celular para longe do centro. Na maioria das vezes a célula jaz dormente, enquanto o corpo ingere comida suficiente para nutrir suas necessidades. Chegada a carestia, as pessoas com abundância de células de gordura poderão sentar-se descansadas, enquanto outras morrem de fome. Essa é a função mais estratégica da gordura.

Quando tudo corre bem, o corpo só ingere alimento suficiente para manter-se, crescer e substituir as células desgastadas. Mas, quando a reserva diminui, como no caso de alguém que está cortando a grama do jardim e atrasa o jantar para aproveitar a luz do verão, as células gordurosas do corpo emitem um sinal. Ao fígado carente de glicogênio e ao sangue carente de glicose, as células de gordura cedem livremente seu tesouro oleoso. Sendo o armazém do corpo, essas células liberam outras células para que executem seu trabalho de modo mais eficiente. Por exemplo, se cada célula muscular tivesse de incluir uma reserva de energia em uma espécie de bolsa, nosso corpo seria deformado por protuberâncias e nódulos.

Há um tipo de gordura que se consome facilmente: é a primeira a desaparecer quando alguém começa uma dieta. Outro tipo de gordura, como a que se forma em torno dos rins e na palma da mão, resiste devido às suas importantes funções secundárias. Quando o corpo passa fome, porém, até essas células de gordura prioritárias precisam ceder seus importantes conteúdos. Gosto de pensar nas células gordurosas como sendo as instituições bancárias do corpo. Em tempos de abundância, elas se enchem com o excesso, uma vez que o corpo deposita mais do que retira. Em tempos de escassez, elas canalizam sua riqueza química de volta para a corrente sanguínea.

Às vezes acontece no corpo algo terrível — uma rebelião — que resulta em um lipoma, ou seja, um tumor adiposo como aquele preso à pedinte de Madras. Um lipoma é um tumor maligno não invasivo. Deriva de uma única célula, habilidosa em seu preguiçoso papel de armazenar gordura, que se rebela contra a liderança do corpo e se recusa a ceder suas reservas. Ela aceita depósitos, mas ignora ordens de saque. À medida que a célula se multiplica, suas filhas lhe seguem o exemplo e surge um tumor feito um fungo, ocupando vazios, pressionando músculos e órgãos. Ocasionalmente acontece de um lipoma não deixar espaço para um órgão vital como um dos olhos, deslocando-o de sua posição ou comprimindo um nervo sensível, o que torna necessária uma intervenção cirúrgica.

Já removi lipomas dessa natureza. Sob o microscópio, eles parecem compostos de células gordurosas sadias, repletas de óleos brilhantes. As células funcionam perfeitamente, com exceção de uma falha — elas se tornaram desleais. Ignoram em sua ação as necessidades do corpo. E assim a mendiga de Madras aos poucos ia morrendo de fome enquanto o lipoma dela se empanturrava.

Um tumor é chamado de benigno quando seu efeito é bastante localizado e se restringe aos limites de uma membrana. No entanto, a condição mais traumatizante para o corpo acontece quando células desleais desafiam as restrições. Multiplicam-se sem controle algum, espalhando-se rapidamente pelo corpo, estrangulando células normais. Células brancas, armadas contra invasores estranhos, não se dispõem a atacar as células rebeldes do próprio corpo. Nada intimida mais os médicos do que essa disfunção: ela se chama câncer. Por razões ainda misteriosas, essas células — e podem ser células do cérebro, do fígado, dos rins, dos ossos, do sangue, da pele ou de outros tecidos — crescem livremente, sem nenhum controle. Cada uma delas é uma célula sadia e funciona, mas é desleal e já não mais atua levando em conta o resto do corpo.

Até mesmo as células brancas, que compõem a confiável guarda palaciana, podem destruir o corpo por meio de uma rebelião. Às vezes elas se reproduzem temerariamente, obstruindo a corrente sanguínea, sobrecarregando o sistema linfático e estrangulando as funções normais do corpo — tal como ocorre na leucemia.

Sendo um cirurgião e não um profeta, eu tremo ao estabelecer essa analogia entre o câncer no organismo físico e uma rebelião no corpo espiritual de Cristo. Mas preciso fazer isso. Em suas advertências dirigidas à igreja, Jesus Cristo não mostrou nenhuma preocupação com os ataques e as escoriações que seu Corpo sofreria de forças externas. "Edificarei a minha igreja, e as portas do Hades não poderão vencê-la", disse ele, sem rodeios (Mateus 16.18). Jesus caminhou tranquilamente, sem se sentir ameaçado, entre pecadores e criminosos. Mas ergueu a voz contra aquele tipo de deslealdade que vem de dentro.

Preciso agora concentrar-me em como eu, uma célula individual, devo responder às prementes necessidades do Corpo de Cristo em outras partes do mundo. Além disso, não posso e não devo emitir juízos radicais sobre qual deveria ser a resposta de outros cristãos. Contudo, falando como um missionário que passou 18 anos em um dos países mais pobres do mundo, devo dizer que os contrastes são assombrosos. Em Vellore, tratávamos de leprosos gastando três dólares anuais por paciente. Mesmo assim tivemos de recusar muitos deles por falta de fundos. Depois me mudei para os Estados Unidos, onde algumas igrejas discutiam calorosamente a construção de seus ginásios de milhões de dólares, os fundos para erguer uma nova torre, os custos do paisagismo e dos fertilizantes... e o patrocínio de seminários dedutíveis de impostos para que os membros pudessem conservar sua riqueza acumulada.

Quando eu via os orçamentos dessas igrejas para as missões estrangeiras e para as obras em áreas urbanas deterioradas, não conseguia tirar uma imagem da cabeça — a lembrança da mulher de Madras morrendo de fome lentamente enquanto seu lipoma crescia rechonchudo e forte.

O problema não é apenas um problema dos Estados Unidos, nem sequer do mundo ocidental. Eu poderia facilmente apontar exemplos de acúmulo de riquezas em todas as sociedades que conheci: nos cruéis IKS[1] da África, na Rússia soviética, nas disparidades dentro da comunidade cristã da Índia. O aviso se aplica a todos nós. Meu único recado é a advertência de um médico: lembre-se, o corpo só terá saúde se cada célula levar em consideração as necessidades do organismo inteiro.

Eu me pergunto se talvez nós, ocidentais, não estejamos totalmente envolvidos em uma espiral competitiva com "células" ao nosso redor, sem dar a mínima atenção às urgentes necessidades do resto do mundo. No Corpo de Cristo, ter propriedade e dinheiro não é nenhum pecado; é uma função importante de certos membros. E, quando eu comparo pessoas ricas com células de gordura, estou usando a imagem num sentido positivo, como um médico que admira e valoriza o papel da gordura. A hospitalidade e a generosidade são facilitadas pela riqueza. As reservas podem ajudar o Corpo a cuidar de si mesmo e a alimentar a atividade muscular em um mundo que é realmente cruel. Todavia, controlar a gordura é um problema difícil tanto na biologia quanto na religião.

Vou citar dois conjuntos de estatísticas e deixar a aplicação deles para você.

Primeiro, a riqueza não é importante apenas na natureza. Noventa por cento de todos os trabalhadores cristãos do mundo, empregados em tempo integral, trabalham na América do Norte, onde vivem menos de 10% da população mundial. Em uma manhã de domingo no interior da Louisiana, posso sintonizar no rádio dez programas religiosos diferentes, ao passo que em outras partes do mundo há países inteiros sem um testemunho cristão.

Em segundo lugar, pense no mundo como se ele fosse reduzido a uma comunidade de 1.000 pessoas:

---

[1] A sigla IKS refere-se a *Indigenous Knowledge Systems* (Sistemas de conhecimento indígenas), o conjunto complexo de conhecimentos e tecnologias específicas das comunidades indígenas de uma área geográfica determinada [N. do R.].

Nessa nossa cidade de 1.000 — 180 de nós moram no alto de uma colina chamada mundo desenvolvido. 820 moram no fundo de um vale pedregoso chamado resto do mundo. Os felizardos 180 no alto da colina têm 80% da riqueza da cidade total, mais da metade de todos os quartos de casal da cidade, 85% de todos os automóveis, 80% de todos os aparelhos de televisão, 93% de todos os telefones e uma renda média anual de 5.000 dólares por pessoa. Os 820 não felizardos cidadãos do vale sobrevivem com apenas 700 dólares anuais por pessoa, muitos deles com menos de $75. Na média, são cinco pessoas em cada quarto.

Como é que os afortunados moradores da colina usam sua incrível riqueza? Bem, como grupo, eles gastam menos de 1% de sua renda para ajudar o vale. (Nos Estados Unidos, por exemplo, de cada 100 dólares ganhos:

18,30 dólares vão para alimentação

6,60 dólares são gastos em lazer e diversão

5,80 dólares são para roupas

2,40 dólares para bebidas alcoólicas

1,50 dólares para cigarros

1,30 dólar é doado para obras religiosas e de caridade, e apenas uma parcela reduzida sai dos EUA.[2])

Eu me pergunto como os moradores do populoso vale — um terço dos quais é composto de subnutridos — se sentem em relação ao pessoal da colina.

Eu sei que por trás dessas questões há complexos fatores culturais e econômicos. Mas fico impressionado quando penso como a igreja primitiva respondia com firmeza diante de necessidades urgentes: o apóstolo Paulo dedicou meses de trabalho a coletar dinheiro entre os cristãos gregos para socorrer os cristãos pobres de Jerusalém.

Temos de parar e examinar com cuidado a nossa condição. Deus precisa de todos os tipos de células no seu Corpo: gordas e magras, ricas e pobres, simples e complexas. No entanto, ele precisa de células leais. E, na área da utilização de recursos, Jesus, nossa Cabeça, tinha muitas coisas perturbadoras a dizer. Que Deus nos livre de sermos um câncer dentro de seu Corpo.

---

[2] Estatísticas compiladas pela Visão Mundial Internacional, na década de 1980.

Ossos

8

Uma estrutura

Osso é poder. Ao osso aderem as partes moles; ao osso, elas se prendem sem outro sustento e mantêm-se eretas ao sol, impedindo que o homem seja mais um ser escorregadio de nariz no chão.

RICHARD SELZER

O cenário era digno de um filme de terror. Todas as manhãs eu me esgueirava por corredores escuros e estreitos até chegar a uma escada em caracol que conduzia a um antigo sótão. Ali estavam caixas enfileiradas, cobertas de pó, contendo 600 esqueletos. Todos os dias eu me postava de cócoras diante daquelas caixas no ambiente mal iluminado, sobre um assoalho que rangia, classificando ossos. Sete dias eu passei agachado no sótão bolorento do velho casarão de Copenhague.

A casa era o museu do dr. Möller Christiansen, historiador da medicina, que me convidara a visitá-la porque os 600 esqueletos pertenceram outrora a pessoas com lepra. Depois de descobrir os ossos em uma ilha da costa da Dinamarca e de cuidadosamente estudá-los, o dr. Christiansen escrevera um livro extraordinário sobre a lepra. Aqueles dentre nós que trabalhavam com essa moléstia mal puderam acreditar quando ficaram sabendo que ele nunca havia observado um paciente vivo. Todas as suas descobertas sobre o mal foram feitas a partir dos 600 esqueletos de seu sótão. No entanto, ele nos ensinara muito sobre a lepra e nos dera boas sugestões a respeito de como tratá-la.

Mexendo naqueles ossos barulhentos, como uma criança que vasculha uma preciosa caixa de brinquedos, o dr. Christiansen localizava alguns dos esqueletos preferidos e com orgulho me mostrava as suas características. Muitos, por exemplo, tinham dentes frontais soltos ou ausentes, em virtude da tendência da lepra em atacar primeiro as partes mais frias do corpo. Juntos examinamos ossos de pés e mãos, especulando que possíveis lesões poderiam ter causado suas deformidades.

Certa manhã, trabalhando no sótão sozinho, descobri algumas caixas de esqueletos que haviam sido exumados num mosteiro. Logo me veio à mente uma aula ministrada pela antropóloga Margaret Mead, que passou boa parte da vida estudando culturas primitivas. Ela perguntava então: "Qual é o sinal mais antigo de civilização?". Um vaso de argila? Ferro? Ferramentas? A agricultura? Não, afirmava ela. Na opinião de Margaret Mead, a prova da primeira civilização de verdade era um fêmur cicatrizado, um osso da perna que ela exibia na sala de aula. A antropóloga explicava que essas cicatrizes nunca foram encontradas nos restos de sociedades selvagens, competitivas. Ali, abundavam pistas de violência: têmporas perfuradas por flechas, crânios esmagados a pauladas. Mas o fêmur cicatrizado indicava que alguém deveria ter cuidado da pessoa ferida — caçando por ela, trazendo-lhe comida e servindo-a com sacrifício pessoal. As sociedades selvagens não eram capazes de mostrar essa compaixão. Encontrei provas semelhantes de cicatrização nos ossos provenientes do mosteiro. Mais tarde o dr. Christiansen me disse que uma ordem de monges havia trabalhado entre as vítimas leprosas: a preocupação deles veio à luz 500 anos mais tarde nas tênues marcas de cicatrizes nos pontos em que um osso infectado se partira ou se corroera e depois tornara a juntar-se.

Após uma semana eu deixei o lúgubre sótão como se tivesse assistido a uma exibição de *slides* sobre uma civilização antiga. Minhas pistas para visualizá-la tinham sido pequenas projeções e alguns sulcos na superfície de ossos exumados do pó da história, mas eles me ensinaram muito. Rostos, cabelos e roupas, que consomem tanta energia cultural, tinham-se deteriorado, deixando os ossos como os únicos mementos daquela colônia de leprosos.

A volumosa pelve, por exemplo, logo revelava o sexo do seu dono. Uma pelve larga e rasa com um anel interno liso obviamente pertencera a uma mulher. A abertura oval se adaptava perfeitamente ao tamanho e à forma da cabeça do bebê que precisava espremer-se através dela. A pelve ao lado, a de um homem, era mais estreita, mais parecida com um coração, e composta de ossos mais pesados. Protuberâncias duras, semelhantes a nódulos no anel interno, marcavam onde outrora se tinham prendido músculos e ligamentos. [1]

Um exame mais detalhado de ossos como os de Copenhague mostra superfícies que não são regulares e brilhantes, mas ásperas e cheias de sulcos para os vasos sanguíneos, e áreas lisas para o deslizar de tendões. A própria espessura de um osso pode revelar o uso que dele se fez. Arremessadores de disco e levantadores de peso têm os ossos mais densos porque um osso exercitado coleta mais cálcio para a força de que necessita. Estudando cuidadosamente ao microscópio as linhas de tensão de ossos individuais, pode-se até adivinhar a ocupação de uma pessoa. Um cavaleiro deixa pistas definidas nos ossos das pernas e da pelve. Um carregador que transporta malas pesadas segurando-as com a mão direita sofrerá os efeitos dessa tensão no ombro e no quadril.

Disse Shakespeare: "O bem [que os homens praticam] é muitas vezes enterrado com seus ossos". Mais do que o bem é enterrado com eles. Existe um campo científico, a medicina legal, dedicado exclusivamente a desvendar as pistas escondidas nos ossos. Os peritos sabem determinar a idade de um esqueleto observando a rigidez ou a "ossificação" da cartilagem. Aos 15 anos de idade, por exemplo, os pés estão completamente formados; aos 25, a clavícula está fundida ao esterno; aos 40, três quartos das linhas de junção do crânio já se fundiram.

Experimentos simples de laboratório revelam os componentes dos ossos. Levando-se um osso ao fogo, toda a sua matéria orgânica será queimada; sobrará um objeto com o mesmo formato e aparência do osso, mas

[1] Em uma corrida, a mulher perde para o homem, e a culpa é da pelve. As projeções da pelve do homem comportam músculos mais poderosos, mas a mulher que tivesse músculos iguais aos dele não poderia parir. Da mesma forma, as cavidades do quadril do homem são mais fechadas, mais próximas do centro de gravidade, o que permite movimentação mais eficiente. Se o esqueleto de uma mulher tivesse esse mesmo formato, não haveria espaço para a extrusão da cabeça do bebê. Assim, o velho osso pélvico representa o somatório de muitos requisitos diferentes. Quando uma mulher diz que gostaria de correr mais rápido, ou de rebolar menos, ou de ter quadris mais estreitos, ela deve lembrar que a sobrevivência da espécie humana depende de ela ser exatamente da forma que é.

constituído apenas por minerais. Assado por tempo o bastante, o osso se esmigalhará entre os dedos.

O ácido clorídrico faz o oposto: dissolve todos os minerais, deixando a substância orgânica, o colágeno, mais uma vez no formato original. O objeto tratado parece o mesmo, mas já não é osso. Perdeu a rigidez e não é capaz de suportar peso. Em um osso assim, pode-se dar um nó e, quando o nó é desfeito, o osso retorna elasticamente à sua primeira configuração. (O colágeno torna até mesmo um osso não tratado surpreendentemente elástico; as crianças árabes brincam com arcos feitos de costelas de camelo.) Arenito e cola — estes são os ingredientes do osso. Precisamos de ambos. Nenhum pesquisador da Exxon descobriu até hoje um material tão adequado às necessidades do corpo como o osso, que constitui apenas um quinto do peso do nosso organismo. Em 1867 um engenheiro demonstrou que a disposição das células ósseas forma a estrutura mais leve possível, feita com a menor quantidade de material, para suportar o peso do corpo. Ninguém contestou com êxito suas descobertas. Sendo o único material rígido do corpo, o osso possui uma resistência incrível, suficiente para proteger e sustentar todas as outras células. Às vezes comprimimos nossos ossos um contra o outro, como uma mola de aço: é o que acontece quanto um saltador com vara cai ao chão. Em outras situações, quase separamos um osso do outro: é o que acontece quando um braço levanta uma mala pesada.

Fazendo uma comparação, a madeira não aguentaria a mesma tensão de tração e talvez não suportasse as forças de compressão que o osso aguenta. Num salto com vara, se a vara fosse de madeira logo se partiria. O aço, que pode absorver ambas as forças muito bem, é três vezes mais pesado que o osso, e nos sobrecarregaria.

A economia do corpo faz esse osso capaz de suportar tanta tensão e ao mesmo tempo o torna oco usando um princípio arquitetônico de redução de peso que os homens levaram milênios para descobrir. Depois ele enche o vazio central com uma eficiente fábrica de glóbulos vermelhos que produz um trilhão de novas células por dia. O osso encerra em si a vida.

Na minha opinião, o mais impressionante no design de um osso está nos pedacinhos de marfim parecidos com joias presentes em cada pé. Vinte e seis ossos alinham-se em cada pé e aproximadamente o mesmo número o faz em cada mão. Mesmo quando um jogador de futebol submete esses ossos a uma força cumulativa de mais de mil toneladas por pé no decurso de uma partida, seus ossos vivos suportam a violenta tensão, mantendo a elasticidade. Nem todos saltamos ou chutamos, mas, ao longo da vida, caminhamos mais de 100 mil quilômetros, ou seja, damos mais de duas vezes e meia a volta ao mundo. Nosso corpo divide-se com equilíbrio por meio de arcos de arquitetura perfeita que servem de molas, e o ato de dobrar joelhos e tornozelos absorve a tensão. Infelizmente, obrigamos os pés a tomar a forma dos calçados da moda, às vezes curvando os calcanhares sobre saltos altos e eliminando todos os efeitos daquele design equilibrado.

A força dos ossos é silenciosa e confiável. Serve-nos bem, sem alarde, e só lhe damos atenção quando sofremos uma tensão violenta e capaz de provocar fraturas, que supera o seu alto grau de tolerância.

———

Para apreciar a estrutura invisível que cada um de nós carrega dentro de si, precisamos parar a fim de observar a progressão dos esqueletos na natureza, o que nos mostra muitas variações. Boa parte da superfície sólida da terra, a rocha sedimentar, nos foi legada por criaturas microscópicas que morreram e se cimentaram em bloco, juntando seus esqueletos para formar rochas. Dentre essas criaturas simples, talvez as mais sofisticadas sejam os *protozoários* marinhos chamados *radiolários*.

Imagine o mais perfeito floco de neve: um floco grande, sem defeito, que flutua feito pena num gélido dia de inverno. Ele tem seis lados, mas um grande número de extremidades simétricas lhe conferem beleza. Imagine agora um floco de neve tridimensional com centenas de formas cristalinas brotando do seu centro. Assim é o esqueleto dos radiolários, bilhões dos quais flutuam pelos oceanos.

O oceano é uma arena de luta pela sobrevivência, onde esqueletos tanto podem ser exigidos para a espécie movimentar-se quanto para proteger-se. Assim, para radiolários, moluscos, vieiras, náutilos, caranguejos, lagostas e estrelas-do-mar, o esqueleto torna-se um lugar de refúgio.

Em terra, porém, um lugar dominado pela incessante força da gravidade, o movimento é tudo. O coelho mais rápido foge do coiote, e o felino africano mais veloz tem gazela para o jantar. Vários milhões de espécies imitam seus correspondentes marinhos com esqueletos externos, sobretudo no mundo dos insetos. Mas estes só podem atingir determinado tamanho, caso contrário o peso torna-se insuportável. Os maiores insetos, com seus excretados exoesqueletos, mal atingem o tamanho do menor dos pássaros ou mamíferos.

Assim, voltamos de novo à velha distinção: superiores e inferiores. Os animais que ocupam o lugar mais alto no conjunto das espécies, os chamados vertebrados, dominam até nos mares. Um esqueleto interno, *vivo*, permite-lhes avanços revolucionários. O animal já não precisa superar o tamanho de sua casa e correr o risco de um vulnerável período de muda. Ao contrário, o esqueleto cresce com o animal e, devido a centenas de músculos ligados a uma armação interna, conquistas antes inauditas podem agora ser realizadas.

As aranhas e os insetos podem correr, pular ou voar, mas, apenas se tiver um esqueleto interno, um animal do tamanho de uma andorinha pode desafiar a gravidade nos seus voos em mergulho, ou uma criatura como o condor pode suportar uma envergadura de asa de três metros e pairar nas correntes térmicas durante horas. Só com um esqueleto interno um elefante pode avançar feito um trovão pela savana, ou um alce pode levantar orgulhosamente seu conjunto de chifres para o céu. Sem ossos, a locomoção tende a regredir para o que há de mais primitivo: as contrações segmentadas de uma minhoca, ou o deslizamento lubrificado de uma lesma.

Os ossos não são um peso para nós; são a liberdade.

9
Rigidez

Há uma infinidade de ângulos que descrevem uma queda, mas apenas um no qual permanecemos em pé.

G. K. CHESTERTON

Nenhuma pessoa nasce sem osso algum, mas algumas nascem com a assim chamada osteogênese imperfeita, ou doença dos ossos quebradiços. Quando isso ocorre, os ossos da vítima consistem em depósitos de cálcio sem o material orgânico que os solda — o arenito sem a cola. Um feto que sofre desse mal pode sobreviver às pressões do parto, mas com metade dos ossos quebrados. Uma simples troca de fraldas poderia quebrar as frágeis pernas de uma criança com essa deficiência; uma queda poderia fraturar dezenas de seus ossos.

Em nosso hospital de Carville houve uma paciente que tomou doses maciças de esteroides enquanto se tratava de lepra e, em consequência, seus ossos ficaram frágeis. Ela podia quebrar o pé simplesmente ao andar muito depressa. Todas as vezes que eu examinava seus raios X à procura de fraturas, lembrava-me de que a característica mais importante dos ossos é a rigidez. Essa é a propriedade que separa os ossos de todos os demais tecidos do corpo. Sem rigidez, um osso é praticamente nada.

Um corpo análogo tão avançado e ativo como o Corpo dos seguidores de Cristo também precisa de uma estrutura rígida que lhe dê forma, e eu vejo a doutrina de Cristo exatamente como esse esqueleto. No interior do Corpo há um núcleo de verdade que nunca muda — as leis que regem nossos relacionamentos com Deus e com as outras pessoas.

Ouço um murmúrio de protesto? Nossa era acolhe sorridente as reflexões acerca da unidade, diversidade e contribuição das células individuais. No entanto, a força que impulsionava os concílios da igreja e os idealizadores das constituições nacionais já não atua mais. Os ossos estão empoeirados, quebradiços, mortos, expostos em vitrinas de museus. Outras partes do corpo são objeto de celebrações: o coração no Dia dos Namorados; os órgãos sexuais e os músculos em revistas e na moda; as mãos nas esculturas. O esqueleto fica relegado ao Dia das Bruxas, um resto espectral do passado, quase inumano.

Hoje é fácil angariar simpatia e apoio para a ética de Jesus que rege o comportamento humano. Espremidos, porém, entre as declarações dele sobre o amor e a boa convivência, há dezenas de outras afirmações duras, inflexíveis, acerca de nossos deveres e responsabilidades, a respeito do céu e do inferno.

O mundo moderno é ainda representado como um cenário de tribunal, conforme a descrição dos antigos, mas não tendo Deus como Juiz, estabelecendo regras e julgando pontos controversos. Ao contrário, Deus é o acusado, e os acusadores pavoneiam-se sobre o palco, de dedo em riste contra ele, querendo saber por que ele permite que um mundo miserável como o nosso continue existindo e que direitos ele possui de fazer reivindicações tão grandiosas referentes a seu Filho. Em última análise, todas as religiões não levam mesmo para Deus? Acaso a crença não é uma busca individual do significado supremo que cada um de nós deve descobrir à sua própria maneira? Que significa essa conversa de que "Ninguém vem ao Pai, a não ser por mim" e "Eu sou o caminho, a verdade e a vida"?

Ao deparar com o Corpo de Cristo, eu sempre encontro o tecido rígido, os princípios que não mudam. A adesão a esse Corpo envolve uma renúncia que se opõe à minha natureza, o reconhecimento de que alguma outra pessoa, não eu, já determinou a maneira como devo viver. Em algumas áreas da vida, aceito leis restritivas com boa vontade. Por exemplo, as leis de trânsito inibem a minha liberdade (e se eu não quiser parar?), no entanto aceito essa inconveniência. Pressuponho que algum habilidoso engenheiro calculou o número de semáforos e ruas de mão única; mesmo que eu ponha em dúvida a sua competência, prefiro as leis de trânsito à anarquia dos carros. Mas alguma coisa dentro de mim se rebela contra receber ordens a respeito de como me portar moralmente.

Percebi essa propriedade de rigidez quando recebi os primeiros ensinamentos sobre Deus. Deus é perfeito, disseram-me, e não tolera o pecado. Seu caráter exige que ele destrua o pecado em qualquer circunstância, assim carrego em mim a marca de um inimigo de Deus. Esse fato, enraizado nos primeiros capítulos de Gênesis, é enfatizado na Bíblia inteira. Deus não pode ignorar a rebelião. Sua natureza exige que se faça justiça; nada pode suavizar a inflexibilidade desse fato. Devo ir ao encontro dele nos termos divinos, não nos meus.

Mais tarde, aprendi como a justiça foi feita. Deus a obteve em nosso favor tornando-se homem e assumindo todos os pecados e rebeliões que havíamos acumulado contra ele. A dívida da humanidade foi paga, mas de uma forma que apenas Deus arcou com os custos, não nós que a havíamos contraído. Ao servo com uma dívida de muitos milhões de dólares, Jesus anunciou: "Você está perdoado. Não deve nada". Seu recado para o Filho Pródigo foi: "A mesa está posta. Venha participar da festa. Todo o passado pode ser perdoado. Tudo o que conta agora é a sua resposta àquilo que Deus ofereceu".

Mesmo no seu núcleo, na parte rígida, imutável e que não se dobra, o evangelho soa quase como um conto de fadas.

— É bom demais para ser verdade — alguém protestou a George MacDonald.

— Não — ele replicou —, é tão bom que precisa ser verdade.

O caminho de volta para Deus é difícil, mas apenas porque há um único caminho.

Outros com habilidades teológicas maiores que as minhas devem descrever e interpretar para nós doutrinas específicas. A ética situacional sugere que o conceito de certo e errado muitas vezes depende da necessidade e do estado de espírito do momento. Eu simplesmente mostro este aspecto singular da lei de Deus: ela deve ser consistente, tal como os ossos o são. A fé exige que seja assim.

Sobre fé, lembro-me de uma experiência que tive alguns anos atrás. Antes de me especializar como cirurgião, trabalhei no consultório de clínica geral de meu sogro, perto de Londres. Certo dia apareceu por lá uma senhora com uma lista de sintomas que descreviam com exatidão uma gastrite. Depois de breve exame, dei-lhe o diagnóstico, mas ela me olhou com os olhos arregalados, cheios de medo. Repeti com voz suave:

— Realmente, não é uma doença grave. Há milhões de pessoas com esse problema. Com remédios e alguns cuidados, a senhora vai ficar ótima. O medo não desaparecia do rosto dela. Rugas de tensão contraíam-lhe a testa e os maxilares. De meu recado "A senhora vai ficar ótima", ela se esquivava como se ouvisse "Sua doença é terminal".

Aquela senhora me interrogou sobre cada ponto, e eu lhe assegurei que faria outros testes para confirmar o diagnóstico. Ela me repetiu todos os sintomas e continuou perguntando:

— O senhor tem certeza? O senhor tem certeza?

Então pedi que ela fizesse um enema de bário e detalhados exames de raios X.

Quando os resultados chegaram, todos indicavam tratar-se definitivamente de gastrite. Vi a mulher mais uma vez. Ela tremia levemente enquanto eu falava. Usei o tom mais confortante e profissional possível para dizer-lhe:

— Está perfeitamente claro. Não resta nenhuma dúvida de que a senhora sofre de gastrite. Eu achava isso desde a sua primeira consulta, e agora estes testes confirmam tudo. É um estado crônico, mas a senhora deve acalmar-se. Não há razão nenhuma para alarmar-se.

A mulher encarou-me com olhar penetrante durante pelo menos um minuto, como se tentasse ver dentro de minha alma. Consegui sustentar seu olhar, temendo que, se eu desviasse dele, ela duvidaria de mim. Finalmente, ela deu um profundo suspiro, e seu rosto se descontraiu pela primeira vez. Respirou fundo e disse:

— Bem, muito obrigado. Eu tinha certeza de que era câncer. Precisava ouvir o diagnóstico de alguém confiável, e acho que posso confiar no senhor.

Em seguida ela me contou uma história envolvendo sua mãe, que sofrera com uma longa e dolorosa doença.

> Uma noite angustiante, o médico da família tinha vindo visitar minha mãe enquanto ela gemia e apertava as mãos contra o estômago. Estava febril e obviamente sofria muito. Quando o médico chegou, ela disse: "Doutor, será que eu vou mesmo melhorar? Sinto-me tão mal e perdi tanto peso... eu acho que estou morrendo". O médico pôs-lhe a mão no ombro, olhou para ela com ternura e respondeu: "Eu sei como a senhora se sente. Dói muito, não é mesmo? Mas nós vamos ganhar essa... é apenas gastrite. Se a senhora tomar este remédio durante mais um tempo, com estes sedativos, logo sairá dessa cama. Ficará boa em dois tempos. Não se preocupe. Apenas confie em mim". Minha mãe sorriu e agradeceu. Eu fiquei impressionada com a bondade do médico. Fora do quarto, onde não podia ser ouvido por ela, o médico dirigiu-se a mim e disse com voz grave: "Receio que sua mãe não dure mais que um ou dois dias. Ela tem um câncer de estômago em estado avançado. Se a mantivermos sedada, provavelmente vai falecer em paz. Se há alguém para avisar... ". Eu o interrompi no meio da frase: "Mas doutor! O senhor disse-lhe que ela ia ficar boa!". "Sim, de fato, é muito melhor assim", ele respondeu. "Ela não sabe, e então não se preocupará. Provavelmente vai morrer dormindo." Ele tinha razão, minha mãe morreu naquela mesma noite.

Aquela mulher, agora uma paciente de meia-idade, tinha consultado aquele mesmo médico antes de me procurar por causa de suas dores estomacais. Ele pusera a mão sobre o ombro dela, dizendo com voz suave: "Não se preocupe. É apenas gastrite. Tome este remédio, e a senhora logo se sentirá bem".

E ele sorriu aquele mesmo sorriso paternal que exibira à mãe dela. A mulher tinha saído do consultório aos prantos e nunca mais voltaria a vê-lo.

Quando as pessoas se queixam sobre as rígidas e inflexíveis leis de Deus, eu penso naquela mulher. O médico da família havia eliminado a possibilidade de ajudá-la devido à sua atitude flexível diante da verdade. Apenas uma coisa podia aliviar-lhe a ansiedade e o desespero: a fé em alguém que acreditava em uma verdade que não podia ser distorcida e adaptada.

Há ocasiões em que a inverdade é mais conveniente ou menos ofensiva. Mas o respeito pela verdade não é roupa que se possa trocar como uma camisa. A verdade não pode contrair-se e depois relaxar como um músculo. Ou é rígida e confiável como um osso sadio, ou é inútil.

10
Liberdade

*A obediência é uma forma especial de alegria e
é a única forma dessa alegria especial.*

CHARLES WILLIAMS

Foi lá na Inglaterra que ele me procurou na qualidade de paciente. Era um galês corpulento e vigoroso que falava com voz cantada, usando o vocabulário de um trabalhador.

— Dia, dotô — ele resmungou.

Quando tirou o paletó de lã xadrez, percebi a razão de sua consulta. A parte superior do braço direito não era de pele rosada, mas de aço e couro enegrecidos — uma geringonça parecida com um suporte coberto de pó de carvão. Removi o suporte. Não se tratava de um órgão artificial. O antebraço estava intacto, mas a carne entre o cotovelo e o ombro era flácida. Faltava uma longa seção de osso. Mas, se um acidente de trabalho nas minas lhe esmagara o braço, como o antebraço havia sobrevivido?

Depois de estudar sua ficha médica de mineiro e um raio X do seu braço, o quebra-cabeça fez sentido. Alguns anos antes, um tumor ósseo provocara uma fratura grave que havia estilhaçado boa parte do osso do braço direito. Sob a luz da mesa de operação, seu médico havia habilmente removido 20 centímetros do tubo ósseo e costurado novamente os músculos e a pele em volta do espaço agora vazio. Enquanto o mineiro estava acamado em recuperação, o braço sem osso parecia perfeitamente normal. Quem poderia saber que a paisagem interior havia mudado?

Todos ficariam sabendo no instante em que o mineiro usasse os músculos, ainda fortes e intactos, da parte superior do braço. Os ossos e os músculos funcionam baseados no princípio triangular: a articulação fornece o fulcro, e dois ossos trabalham com um músculo. Para erguer a mão, o bíceps, que é ligado ao braço, puxa o antebraço. O braço dobra-se no cotovelo, e o triângulo está completo. Mas um só músculo e um só osso do antebraço não formam um triângulo. Esse mineiro galês não tinha o terceiro elemento, o osso da parte superior do braço.

Desde a cirurgia alguns anos antes, sempre que o mineiro contraía o bíceps, toda a parte superior do braço se encurtava, encolhendo-se na parte central como uma minhoca. O osso fixo e resistente entre o cotovelo e o ombro havia-se tornado uma extensão mole e flexível, eliminando o triângulo que deveria transferir força ao antebraço. O engenhoso médico galês equipara seu paciente com um rude exoesqueleto, uma enorme geringonça de couro e aço com hastes rígidas posicionadas entre o cotovelo e o ombro. Quando o bíceps se contraía, como as hastes de aço impediam que a parte superior do braço simplesmente se encurtasse, o antebraço podia forçar o movimento para cima. A estrutura externa de aço exercia praticamente a mesma função que o osso interno agora ausente desempenhava anteriormente.

Já fiz cirurgias para remover esse tipo de osso do braço, embora hoje evitemos o incômodo de um esqueleto externo implantando um enxerto ósseo no espaço vazio. Um enxerto ósseo une-se aos cotos em cima e embaixo, e aos poucos o braço se ajusta ao novo membro. Mas o rude suporte externo daquele homem lhe servira bem durante anos, permitindo-lhe atuar como um vigoroso trabalhador em minas de carvão. Ele me procurou para pedir um osso novo, principalmente por estar cansado de pôr e tirar seu exoesqueleto todos os dias.

Por ser duro e estar às vezes sujeito a fraturas, o osso adquiriu a fama de ser um incômodo para as atividades humanas. Os ossos nos impedem de entrar em pequenos espaços e de dormir confortavelmente no chão. E o que impede que esquiadores acrescentem 20 metros ao seu gracioso salto em *looping*? O que restringe a pista de *slalom* ao domínio de uns poucos especialistas? O velho castigo dos ossos quebrados. Quem quebra uma perna esquiando poderia desejar ossos mais fortes. No entanto, ossos mais fortes seriam mais espessos e mais pesados, o que limitaria muito — quando não impossibilitaria — a arte de esquiar.

Não, os 206 pedaços de cálcio aos quais o corpo está preso não estão aí para nos restringir. Eles nos libertam. Da mesma forma que o braço do mineiro galês só podia mover-se quando contava com uma estrutura adequada, interna ou externa, quase todos os nossos movimentos se tornam possíveis graças aos ossos — ossos rígidos e inflexíveis.

Também no Corpo de Cristo a qualidade da rigidez não foi concebida para nos sobrecarregar. Ao contrário, deveria libertar-nos. As normas que governam o comportamento funcionam porque, tais como os ossos, elas são rígidas.

Lei moral. Os Dez Mandamentos. Obediência. Fazer o que é certo. O negativismo do "não" marca as normas, e tendemos a vê-las como opostas à liberdade. Como jovem cristão, eu me arrepiava de medo ao ouvir tais palavras. Mais tarde, porém, especialmente depois que me tornei pai, comecei a pensar além de minha reação reflexa, chegando exatamente à natureza da lei. Na sua essência, as leis não são a descrição da realidade feita por aquele que a criou? As normas de Deus que regem o comportamento humano... não são orientações concebidas para permitir-nos viver da melhor e mais satisfatória maneira neste mundo?

Não embarco facilmente nesse tipo de raciocínio. As leis estão excessivamente contaminadas por um ranço cultural que esconde sua verdadeira essência. Elas evocam em mim memórias profundamente entranhadas de desaprovação de meus pais, e eu prefiro almejar outro tipo de liberdade — aquela que me liberta da lei, não a que me liberta por meio da lei.

Descobri, todavia, que é possível enxergar além do negativismo superficial dos Dez Mandamentos, por exemplo, e aprender algo sobre a verdadeira natureza das leis. As normas logo parecem exercer a mesma função libertadora que os ossos exercem na atividade física.

Os primeiros quatro dos Dez Mandamentos são normas que regem o relacionamento pessoal com o próprio Deus: Não tenham outros deuses além de mim. Não adorem ídolos. Não usem mal o meu nome. Lembrem-se do dia reservado para me adorar. Quando contemplo esses outrora proibitivos mandamentos, vejo que eles soam cada vez mais como afirmações positivas.

Que tal se Deus tivesse estabelecido os mesmos princípios assim:

> Eu os amo tanto que vou entregar-*me* a vocês. Eu sou a verdadeira realidade, o único Deus de que vocês precisarão. Somente em mim vocês encontrarão plenitude.
>
> Eu desejo algo maravilhoso: um relacionamento pessoal e direto entre mim e cada um de vocês. Vocês não precisam de representações minhas inferiores, tais como ídolos mortos de madeira. Vocês têm a mim. Valorizem isso.
>
> Eu os amo tanto que dei meu nome a vocês. Vocês serão conhecidos sobre a terra como o "povo de Deus". Valorizem esse privilégio. Não façam mau uso dele profanando esse título ou deixando de viver à altura dele.
>
> Eu lhes dei um mundo maravilhoso para nele trabalhar e folgar e dele desfrutar. Em meio a essas atividades, porém, reservem um dia para lembrar de onde veio o mundo. O corpo de vocês precisa de descanso; o espírito precisa da lembrança.

Os seis mandamentos seguintes regem os relacionamentos pessoais. O primeiro já é formulado de modo positivo: honrem pai e mãe, um mandamento que ecoa praticamente em todas as sociedades sobre a terra.

Os outros cinco dizem:

> A vida humana é sagrada. Fui eu quem a deu, e ela tem um valor enorme. Agarrem-se a ela. Respeitem-na, pois ela é a imagem de Deus. Quem ignorar isso e cometer o sacrilégio do assassinato deve ser punido.
>
> O relacionamento humano mais profundo possível é o casamento. Eu o criei para resolver o problema da solidão essencial no coração de cada pessoa. Estender a várias outras pessoas o que foi concebido exclusivamente para o casamento irá desvalorizar e destruir esse relacionamento. Preservem o sexo e a intimidade para o seu lugar certo dentro do casamento.
>
> Confio a vocês o direito à propriedade. Vocês podem possuir coisas e devem usá-las com responsabilidade. O direito à propriedade é um grande

privilégio. Para que funcione, vocês precisam respeitar o mesmo direito dos outros. Roubar é uma violação desse direito.

Eu sou um Deus da verdade. Os relacionamentos só têm bom êxito quando são regidos pela verdade. Uma mentira destrói contratos, promessas, confianças. Vocês merecem confiança: mostrem isso evitando a mentira.

Eu até lhes dei coisas boas para desfrutar: bois, cereais, ouro, móveis, instrumentos musicais. Mas as pessoas são sempre mais importantes que as coisas. Amem as pessoas, usem as coisas. Não usem as pessoas pelo amor às coisas.

Reduzidos à sua essência, os mandamentos emergem como um esqueleto fundamental da confiança que une os relacionamentos das pessoas entre si e entre elas e Deus. Como bom pastor, Deus afirma que ele estabeleceu a lei como um caminho para a melhor vida possível. Nossa rebelião, a partir do jardim do Éden em diante, tenta fazer-nos crer que ele é o mau pastor cujas leis nos impedem de alcançar algo bom.

Certo, alguém poderia responder, os Dez Mandamentos podem ser virados do avesso para mostrar um lado mais positivo. Mas por que Deus não os formulou desse jeito? Por que disse ele: "*Não* matarás, *Não* cometerás adultério, *Não* furtarás..."?

Sugiro duas respostas. Primeiro, uma ordem negativa é de fato menos limitante do que uma positiva. "Vocês podem comer os frutos de qualquer árvore do pomar, com exceção desta aqui" permite mais liberdade do que "Vocês devem comer os frutos de todas as árvores do pomar, a começar por aquela no canto a noroeste e avançando até a orla externa do pomar". "Vocês não devem cometer adultério" é mais libertador do que "Vocês devem fazer sexo com o cônjuge duas vezes por semana entre 9 e 11 horas da noite". "Não cobicem" é mais libertador do que "Eu aqui estabeleço limites ao direito de propriedade. Cada homem tem direito a uma vaca, um boi, três anéis de ouro...".

Segundo, as pessoas ainda não estavam preparadas para uma ênfase nos mandamentos positivos. Os Dez Mandamentos representam a fase do jardim-da-infância da moral: as leis fundamentais necessárias para uma sociedade funcionar. Quando Jesus veio à terra, ele preencheu o aspecto positivo. Citando o Antigo Testamento, ele resumiu toda a Lei em dois mandamentos. "Ame o Senhor, o seu Deus, de todo o seu coração, de toda a sua alma, de todas as suas forças e de todo o seu entendimento" e "Ame o seu próximo como a si mesmo" (Lucas 10.27). Uma coisa é não cobiçar a propriedade do meu próximo e não roubá-la; outra completamente diferente é amá-lo a ponto de preocupar-me com a sua família como se fosse a minha. A moral deu um salto de qualidade, passando da proibição ao amor. (Paulo afirmou e desenvolveu esse pensamento em Romanos 13.8-10.)

Quando proferiu o Sermão do Monte, Jesus atingiu o ponto culminante de sua atitude para com a Lei. Ali, os Dez Mandamentos são descritos como o mínimo indispensável. Eles de fato apontam para princípios profundos: modéstia, respeito, não violência, altruísmo. Depois Jesus apresentou a ética social ideal — um sistema regido por uma única lei, a lei do amor. Ele nos convoca para esse ideal. Para quê? Para que Deus possa ter orgulho paterno de ver como seu pequeno experimento na terra está progredindo? É claro que não. Essas leis não são do interesse de Deus, mas do nosso. "O sábado foi feito por causa do homem, e não o homem por causa do sábado", ele disse, e também: "E [vocês] conhecerão a verdade, e a verdade *os libertará*" (Marcos 2.27; João 8.32). Jesus veio para nos purificar da violência, da ganância, da luxúria e da competição perniciosa, *para o nosso bem*. Seu desejo é nos tornar iguais a Deus.

Os Dez Mandamentos foram o estágio fetal dos ossos, a primeira ossificação da cartilagem. A lei do amor é o esqueleto plenamente desenvolvido, firme, libertador. Ela nos permite um movimento suave dentro do Corpo de Cristo, pois está encaixada e articulada nos pontos certos.

Se examinarmos a lei como se fosse um item tirado aleatoriamente de um monte de ossos, ela pode dar a impressão de ter uma forma estranha e ilógica, porque as leis, como os ossos, são concebidas para as necessidades complexas, interligadas, do corpo inteiro. Por exemplo, como já observamos, a pelve é uma estrutura com uma configuração estranha. Ela representa um meio-termo de necessidades convergentes como caminhar, proteger os órgãos abdominais, sentar, sustentar a coluna e, no caso da mulher, parir. Sua configuração existe para servir ao corpo, não para dominá-lo. De modo semelhante, as leis de Deus que nos governam são uma combinação de conflitantes necessidades e desejos humanos, escolhidas para permitir que vivamos de modo mais pleno e saudável. Deus, conhecendo as fraquezas e fragilidades humanas, concebeu o dogma de nossa fé e suas leis para conferir-nos força e estabilidade sempre que precisarmos.

Para muita gente, a lei que exige fidelidade sexual no casamento parece estranha e desnecessariamente restritiva. Por que não permitir a permutabilidade, com homens e mulheres desfrutando-se livremente entre si? Estamos biologicamente equipados para tais práticas. Mas o sexo transcende a biologia, entrelaçando-se com o amor romântico, a necessidade de famílias estáveis e muitos outros fatores. Se quebrarmos uma lei, conseguindo liberdade para a experimentação sexual, perderemos os benefícios de longo prazo da intimidade que o casamento supõe proporcionar. Como provou o mineiro galês, a remoção de um osso pode comprometer a complexa engrenagem do movimento.

Conheci pessoas que se sentem compelidas a livrar-se de qualquer limitação possível. São como crianças mimadas, correndo de um brinquedo para outro em busca de uma emoção sempre mais forte, sem ter consciência de que sua busca é na verdade uma fuga. Quando certas pessoas vão parar de burlar a declaração de imposto de renda? Em que ponto permitirão que a verdade apareça aos olhos do cônjuge traído? Após qual mentira seus filhos vão deixar de acreditar em qualquer coisa que elas digam? Sua vida torna-se um emaranhado de enganos e medo. Uma pessoa dessas tem liberdade?

Concluo com G. K. Chesterton que, "quanto mais eu analisava o cristianismo, tanto mais constatava que, embora a instituição tivesse estabelecido uma regra e uma ordem, o objetivo principal daquela ordem era criar espaço para que coisas boas crescessem livremente".[1] Ele usou o exemplo do sexo: "Eu jamais pude identificar-me com a crítica comum dessa geração que se insurge contra a monogamia, porque nenhuma restrição ao sexo me parecia tão estranha e inesperada quanto o próprio sexo em si... Restringir-se a uma só mulher é um preço pequeno pelo simples direito de ver uma mulher. Queixar-me de que eu só podia casar-me uma vez seria como queixar-me

---

[1] CHESTERTON, G. K. **Orthodoxy**. Garden City: Doubleday & Co., 1959. p. 95 [**Ortodoxia**, LTr, 2001].

de ter nascido apenas uma vez. Era um fato que superava a tremenda excitação de quem estava falando. Mostrava não uma sensibilidade exagerada ao sexo, mas uma estranha insensibilidade em relação a ele. É maluco aquele que se queixa por não poder entrar no Éden por cinco portas ao mesmo tempo. A poligamia é a ausência de realização sexual. É como se um homem apanhasse cinco peras distraidamente".[2]

Um esqueleto nunca é bonito. Suas contribuições são força e função. Não examino minha tíbia desejando que seja mais comprida, ou mais curta, ou mais articulada. Sou simplesmente grato por usá-la para andar, preocupando-me com aonde quero ir, em vez de ficar pensando se minhas pernas suportam meu peso. Eu deveria reagir assim aos fundamentos básicos da fé cristã e às leis que regem a natureza humana. Eles são, para os relacionamentos, simplesmente a estrutura que melhor funciona quando fundada sobre princípios estabelecidos, previsíveis. Naturalmente, nós podemos violá-los: o adultério, a roubalheira, as mentiras, a idolatria e a opressão dos pobres se insinuaram em todas as sociedades ao longo da história. Mas o resultado é uma fratura que pode imobilizar todo o corpo. Os ossos, concebidos para nos libertar, simplesmente nos escravizam quando quebrados.

[2] Ibid., p. 58.

11

Crescimento

Melhor um pouco de fé, conseguida por alto preço, melhor lançar-se só no infinito labirinto da verdade do que perecer na esplêndida abundância dos mais ricos credos.

HENRY DRUMMOND

Na Índia rural, as pernas são fundamentais. Os turistas visitam as cidades indianas e passeiam de automóvel, mas os missionários que desejam chegar até os habitantes de aldeias vão para regiões onde não há estradas. Carros de boi, com grandes rodas de aço como as das diligências dos pioneiros americanos, transportam gente por estradas rudimentares, mas avançam mais devagar do que os caminhantes. Por isso os missionários preferem seguir a pé.

Para mim, uma das tarefas mais importantes era restituir aos missionários acidentados a capacidade de andar, e quando a sra. S. chegou ao hospital de Vellore eu a examinei com muita preocupação. O calor e a ansiedade haviam deixado o vestido dela ensopado de suor, e a estranha angulação do seu calcanhar direito acusava uma grave fratura na perna. Ela me informou sobre um acidente alguns meses antes, no qual quebrara o osso da coxa, o fêmur. Um médico das montanhas havia ajustado o osso, mas até aquele momento os exames radiológicos haviam acusado uma cura incompleta. Ele a encaminhara à nossa escola de medicina para exames. Aquela bondosa mulher, a sra. S., educadamente insistia em que precisava voltar à sua missão na área rural. As pernas eram tudo para ela.

Ao fazer exames radiológicos do local, eu esperava ter a maravilhosa e conhecida visão de um osso em processo de cura. Embora os ossos tenham passado a simbolizar a morte em festas de Halloween e em museus, o cirurgião sabe que a simbologia não é verdadeira, pois o esqueleto é um órgão que vive e cresce. Quando eu corto um osso, ele sangra. E — o que é mais assombroso — quando ele se parte, cura-se por si só. Talvez algum dia um engenheiro venha a desenvolver uma substância que seja tão forte, leve e eficiente quanto um osso, mas qual engenheiro poderia inventar uma substância que, como o osso, poderia crescer continuamente, lubrificar-se em atividade ininterrupta e autoconsertar-se em caso de avaria?

Sempre que um osso é fraturado, inicia-se um elaborado processo. Alvoroçadas células de reparo invadem a região. Em duas semanas, uma bainha semelhante a uma cartilagem, chamada calo, envolve a região, e células cimentadoras são introduzidas na massa gelatinosa. Essas células são os osteoblastos, os tapa-buracos dos ossos. Em dois ou três meses, o local da fratura é marcado por uma massa óssea nova, que forma uma barriga de cada lado das extremidades quebradas, lembrando emendas em uma mangueira de plástico. Mais tarde, o excesso de material é removido de modo que o resultado final quase se confunde com o osso original.

Esse é o ciclo normal da cura de um osso. Mas, para minha surpresa, não havia sinais desse processo nos raios X da sra. S. Uma linha clara — um temido vão — aparecia entre as duas extremidades partidas do fêmur, sem a presença de nenhum material reparador que os fundisse.

Com uma incisão na perna da sra. S. pude realizar um exame direto e constatar que de fato não havia nenhum sinal de cura. Recorrendo aos instrumentos inferiores e não vivos da ciência, consertei a área da fratura com uma placa de platina parafusada nas duas partes do fêmur, acima e embaixo. Na parte oposta da fratura fiz um enxerto com osso extraído da tíbia da própria paciente a fim de promover uma nova formação óssea. Depois suturei o corte.

Após meses de moldes de gesso, cadeiras de roda e muletas, a sra. S. foi novamente submetida a exames radiológicos. Eles revelaram que o enxerto ósseo tinha vingado: uma leitosa nuvem óssea em crescimento envolvia a nova tira óssea, unindo-a ao fêmur original. Mas entre as duas extremidades da fratura uma nítida divisão continuava aberta. Então percebi que estava diante de algo muito estranho. Depois de pesquisar o histórico da sra. S., descobri que 20 anos antes um médico havia submetido a parte central do seu fêmur a sessões de radiação para tratar de um pequeno tumor dos tecidos macios. Evidentemente a radiação matara o tumor. Mas também matara todas as células ósseas daquela região, e assim os dois extremos nunca se religariam.

A inatividade estava deixando a sra. S. maluca. Deus a enviara para um lugar onde pernas eram um recurso indispensável, e ela estava decidida a curar-se.

Vi um sinal de esperança, todavia: os enxertos ósseos haviam crescido normalmente. Então fiz mais uma operação. Percebi que os espaços entre as extremidades quebradas do fêmur continuavam tão visíveis que eu podia inserir ali o bisturi e movimentá-lo no vácuo. Primeiro, verifiquei a placa de platina. Os dois parafusos mais distantes do local da fratura estavam soltos e era fácil removê-los: o corpo começara a rejeitá-los. Mas os quatro parafusos mais próximos à fratura estavam firmes como se tivessem sido introduzidos em mogno, porque ali o osso estava morto. Tive de suar para retirá-los.

Com mais dois enxertos ósseos, um extraído da tíbia e outro da pelve da sra. S., circundei o osso fraturado com osso vivo, como se preparasse uma forma de gelo. Depois fechei a incisão e aguardei.

A sra. S. recuperou-se e voltou para o seu posto na missão nas montanhas. Teve uma vida ativa cruzando longos caminhos poeirentos, e o osso improvisado da perna lhe foi extremamente útil. Sete anos mais tarde, quando ela veio fazer um *check-up*, os raios X revelaram que o local da fratura original nunca havia sarado — em uma pequena área entre os ossos enxertados, podia-se ver a luz. Mas um invólucro de osso vivo, semelhante a um enorme nó de uma árvore, havia juntado as duas partes formando uma barriga óssea disforme. Ela caminhava apoiando-se apenas em enxertos — osso original em cima, osso enxertado no meio e osso original embaixo.

A sra. S. ofereceu um raro exemplo de tecido ósseo vivo coexistindo lado a lado com tecido ósseo morto. Quando lhe operei a perna, os dois tipos pareciam idênticos. A diferença crucial veio à luz quando o osso vivo interagiu organicamente com o corpo, ao passo que o osso morto não o fez. Sendo que a sra. S. era uma pessoa viva enfrentando tensões e esforços que exigiam renovação óssea, o osso morto não lhe era útil. Um corpo vivo não pode depender de ossos mortos.

A analogia dos ossos físicos com um esqueleto espiritual já foi feita para nós em uma dramática passagem em Ezequiel 37. Ali o profeta visita um vale surreal cheio de "ossos [que] estavam muito secos" (v. 2). Deus dirigiu a palavra a eles: "Porei tendões em vocês e farei aparecer carne sobre vocês e os cobrirei com pele; porei um espírito em vocês, e vocês terão vida. Então vocês saberão que eu sou o SENHOR" (v. 6).

Os ossos que Ezequiel viu simbolizavam uma grande nação, Israel, que degenerara em uma forma esquelética morta da antiguidade. A fé que Israel tinha em Deus e a obediência que lhe prestava existiam apenas como uma lembrança seca, sem vida. No entanto, até mesmo aqueles ossos tinham valor. Ezequiel viu, boquiaberto, os ossos antigos juntando-se para formar a estrutura de um novo corpo. Essa nova nação nasceria para a vida já dotada de uma herança e de um entendimento de Deus.

A história de um longo relacionamento pessoal com Deus pode ser preservada em leis, escrituras e cerimônias, como aconteceu com Israel, ou em credos, obras de arte e catedrais, como acontece com a cultura ocidental hoje em dia. Alguns reverenciam esses esqueletos por sua antiguidade, comprando missas de Mozart e adquirindo obras de arte. Mas, não resta dúvida, o valor real de um esqueleto só vem à luz quando ele sustenta um organismo que cresce. Embora nossas leis, escrituras, tradições e credos revelem por si mesmos a verdade, eles só existem para servir a um organismo, o Corpo de Cristo.

O osso enxertado na perna da sra. S. exibia perfeitamente os procedimentos normais de um osso vivo. Assim como um esqueleto certamente se ossifica e enrijece, ele ao mesmo tempo cresce e se renova. Os ossos estão vivos. Passam seu tempo mudando, fluindo, corrigindo-se, alterando-se — como os rios e as pedras.

Os mesmos estágios de crescimento que observei no enxerto ósseo da sra. S. funcionam exatamente da mesma maneira, dia após dia, no esqueleto das crianças. O bebê recém-nascido tem 350 ossos, que aos poucos se fundem nos 206 presentes na maioria dos seres humanos adultos. Contudo muitos dos ossos do bebê são moles e flexíveis, mal exibindo as qualidades de um osso. O parto seria impossível se o bebê não fosse tão comprimível e flexível.

Observando imagens radiológicas de um osso no estágio da ossificação ou enrijecimento, sou levado a refletir sobre o meu próprio esqueleto da fé. Como cristão recém-nascido, a minha fé era frágil e maleável, consistindo em crenças vagamente compreendidas sobre Deus e minha necessidade do seu amor. Com o tempo, Deus serviu-se da Bíblia e de outros cristãos para promover a ossificação da estrutura da minha fé. Da mesma forma que os osteoblastos depositam em um osso novos minerais resistentes, a substância da minha fé tornou-se mais forte e confiável. O Senhor tornou-se o meu Senhor; doutrinas que eram frias e formais tornaram-se parte integrante do meu ser.

A ala evangélica da fé, de modo especial, tende a fazer crer que todas as respostas podem ser codificadas em uma declaração abrangente de fé. Quem questiona doutrinas básicas é às vezes tratado como um estranho no Corpo de Cristo e é obrigado a passar pela humilhação da culpa e da rejeição. Por esse motivo, no mundo evangélico, a dúvida é muitas vezes um fenômeno privado. Aquele que, dentre nós, é tentado a ostentar esse tipo de severidade, deve retornar à analogia dos ossos vivos. Os novos crentes precisam de tempo para que os ossos de sua fé se fortaleçam.

Provei muitos períodos de dúvida. Na Índia, sentia-me desafiado pelos encantos de outras religiões praticadas com devoção por milhões de pessoas. Na escola de medicina, estive constantemente exposto a hipóteses de que o universo se baseia no acaso, não havendo espaço para um Arquiteto inteligente. Tendo lutado com essas e outras questões — problemas sobre a pessoa de Cristo, a confiança na Bíblia etc. —, aprendi que às vezes é útil continuar aceitando como regra de vida coisas a respeito das quais cultivo incertezas intelectuais básicas. Em outras palavras, aprendi a confiar no esqueleto principal e a usá-lo mesmo quando não consigo entender como vários ossos se articulam e por que alguns têm determinada configuração.

Na escola de medicina, estudei com biólogos seculares como J. B. S. Haldane e H. H. Woolard, pioneiros da teoria evolucionista. Notei que algumas igrejas nutriam uma espécie de desonestidade intelectual sobre esse assunto. Na universidade, seus alunos faziam exames e recitavam teorias da evolução; quando se juntavam à igreja, declaravam sua fé de uma forma que contradizia as respostas acadêmicas. No fim essa dicotomia levava a um sentimento de esquizofrenia intelectual.

Foi só depois de muita pesquisa e longos períodos de reflexão que consegui juntar o que havia aprendido na igreja e o que havia aprendido na escola. Mas, no entanto, decidi que a minha fé se baseava em realidades que podiam sustentar-se e não precisavam submeter-se a nenhuma explicação científica. Ou eu descobriria que a evolução era compatível com o Deus da minha fé, ou eu concluiria que a evolução estava de alguma forma errada, e ficaria com a minha fé. Servi-me desse pressuposto por anos durante os quais era incapaz de preencher todas lacunas sobre como a criação e a evolução se encaixam. (Em anos recentes, um novo entendimento sobre o *DNA* tornou a hipótese de uma evolução aleatória tão improvável que a posição de quem acredita em uma inteligência sobrenatural tem sido tremendamente reforçada.)

Em algum lugar da América do Sul, há uma ponte feita de trepadeiras entrelaçadas que sustentam sobre um rio uma plataforma precariamente suspensa a dezenas de metros de altura. Eu sei que a ponte já aguentou centenas de pessoas ao longo dos anos, e enquanto estou parado à margem do rio vejo outros atravessando por ela, cheios de confiança. O engenheiro dentro de mim quer pesar todos os fatores — medir a capacidade de as trepadeiras sustentar o peso, testar se a madeira não está infestada por cupins, inspecionar as pontes da região para ver se há alternativa mais confiável. Mas no fim, se eu realmente quiser atravessar, devo tomar uma decisão. Quando ponho o meu peso sobre aquela ponte e a atravesso, mesmo que o meu coração esteja batendo forte e os meus joelhos tremam, estou declarando a minha posição.

No mundo cristão, eu às vezes preciso viver assim, fazendo escolhas que comportam uma incerteza inerente. Se eu esperar para ter todas as provas, para que tudo seja resolvido, nunca seguirei adiante. Com frequência tive de agir baseando-me nos ossos da fé cristã antes que eles estivessem totalmente formados em mim e antes de entender a razão da sua existência. Osso é duro, mas é vivo. Se os ossos da fé não continuarem a crescer, eles logo se tornarão esqueletos mortos.

12
Adaptação

Se eu professar em alto e bom som e do modo mais explícito cada porção da verdade de Deus, exceto precisamente aquele pequeno ponto que o mundo e o Diabo estão atacando naquele momento, eu não estou reconhecendo a Cristo, por mais corajosa que seja a minha profissão de fé nele.

MARTINHO LUTERO

Naturalmente ocultos, os ossos não exibem para os observadores a vida que neles flui. Preciso recorrer ao microscópio para ver traços da atividade que acontece nos ossos neste exato momento. Com uma ampliação suficiente, posso identificar dois tipos de células ativas nos ossos.

Já vimos um tipo, os osteoblastos, células reparadoras destinadas a "tapar buracos", que se fixam em locais fraturados e ali depositam cristais ósseos. Os blastos, contudo, não ficam à espera de acidentes. Bilhões deles trabalham intensamente dentro de mim e de você, substituindo ossos envelhecidos. Quando eu era jovem, 100% de todos os ossos do meu corpo eram substituídos a cada ano. Assim, o maxilar que eu tinha aos 4 anos de idade não continha nenhum resquício do meu maxilar aos 3. Graças à sabedoria do *DNA* dos ossos, a configuração continuava a mesma, apenas maior.

Atualmente só 18% dos meus ossos são substituídos a cada ano. Todavia, o osso antigo não cede facilmente seu território. Precisa ser dinamitado e removido, e para essa tarefa o corpo tem os osteoclastos, a equipe de demolição. Os clastos são grandes, equipados com uma média de dez a trinta núcleos, como se eles precisassem de todas as instruções possíveis para a sua sensível tarefa.

Se eu tentasse renovar um muro removendo uma fileira de tijolos em uma sequência horizontal, o muro inteiro rapidamente cairia. Se, porém, eu retirasse um tijolo aqui do meu cotovelo esquerdo e o substituísse, e depois retirasse outro tijolo do joelho, depois outro da cabeça, eu poderia eventualmente reconstruir com segurança o muro completo. De modo semelhante, os clastos removem as impurezas de cada partícula óssea, uma célula por vez. Eles cavam túneis através do osso com a mesma facilidade com que toupeiras perfuram o gramado, abrindo buracos a serem preenchidos pelos blastos. Os blastos rejuvenescem, depositando novas reservas de fibras.

O clasto, essa célula ousada, leva uma vida de camicase, perfurando granito com tal disposição que termina queimado após 48 horas e é ele mesmo retirado como entulho. Para mim, essa célula é empregada da forma mais bonita na família dos pássaros. Num espaço de tempo curto e crucial, os clastos suavemente invadem os ossos de um pássaro para liberar cálcio de modo que esse mineral seja usado para endurecer a casca dos ovos prontos para ser postos.

Os blastos e os clastos disputam uma corrida ao longo da vida de uma pessoa. Os blastos tendem a dominar na primeira metade, fixando osso novo no ordenado projeto do crescimento. Mas os clastos da demolição acabam suplantando os cansados blastos. E assim, na velhice, os alvéolos dos dentes diminuem de tamanho, o queixo é projetado para frente, o maxilar torna-se anguloso, e os idosos ficam com o rosto mais duro, mais pontudo. É por isso que uma fratura causa traumas nos idosos: seus blastos, mal dando conta dos difíceis reparos de rotina, curam os ossos lentamente. À medida que o osso se renova, os blastos incluem em sua atividade alguns ajustes para casos de tensão. Todos os elementos ósseos estão dispostos em linhas de tensão perfeitamente construídas e cruzadas, como as vigas de uma ponte de aço. Se eu quebro o pé e a dor da cura me obriga a ajustar a maneira de andar e assim meus passos ficam mais curtos, aos poucos as linhas de tensão no osso do calcanhar mudam e acabam formando um novo ângulo com a perna. Os blastos se acomodam para lidar com novos desafios.

Se eu começo a levantar pesos, posso com razão esperar que um osso de suporte como o fêmur se deforme ou se curve. Mas, ao contrário, ele se torna mais denso e desenvolve suportes adicionais no ponto de tensão. De fato, a tensão estimula o crescimento ósseo. Quem fica preso a uma cama hospitalar por tempo prolongado pode perder até 50% do cálcio dos ossos. Os astronautas no espaço, livres da gravidade, chegam a perder até 20% do seu cálcio. Caminhar, levantar peso, fazer flexões — qualquer atividade desencadeia correntes elétricas nos ossos para gerar crescimento.

Quando penso no Corpo espiritual de Cristo e especialmente em seu esqueleto de normas que governam o comportamento humano, tenho consciência de um tipo paralelo de atividade de renovação e adaptação. Os princípios que Deus estabeleceu, ocasionalmente encapsulados nos Dez Mandamentos e no Sermão do Monte, não se alteram, mas suas aplicações específicas certamente mudam à medida que o Corpo de Cristo enfrenta novas tensões. Muitas das leis e observâncias da Bíblia destinavam-se a uma sociedade e a uma cultura diferentes das nossas. Necessitamos continuamente de profetas e mestres que interpretem princípios imutáveis à luz das condições particulares de seu tempo.

Considere a seguinte lista de instruções diretas, todas transmitidas aos cristãos nos tempos do Novo Testamento e registradas para nós na Bíblia. Algumas delas ainda são seguidas ou pelo menos aprovadas pela maioria dos cristãos. Outras são praticadas apenas por algumas denominações que lutam para seguir literalmente as práticas do Novo Testamento. Contudo, não conheço nenhum grupo que obedeça a todas essas instruções.

1. Saúdem uns aos outros com beijo santo (Romanos 16.16).
2. Abstenham-se de comida sacrificada aos ídolos (Atos 15.29).
3. Sejam batizados (Atos 2.38).
4. A mulher deve ter um véu sobre a cabeça (1Coríntios 11.10).
5. Lavem os pés uns dos outros (João 13.14).
6. É vergonhoso uma mulher falar na igreja (1Coríntios 14.35).
7. Cantem salmos, hinos e cânticos espirituais (Colossenses 3.16).
8. Abstenham-se de comer sangue (Atos 15.29).
9. Observem a ceia do Senhor (1Coríntios 11.24).

10. Lembrem-se dos pobres (Gálatas 2.10).
11. Unjam os enfermos com óleo (Tiago 5.14).
12. Não permitam que uma mulher ensine aos homens (1Timóteo 2.12).
13. Anunciem o evangelho de dois em dois (Marcos 6.7).
14. Comam tudo o que lhes for apresentado sem nada perguntar por causa da consciência (1Coríntios 10.27).
15. Proíbam as mulheres de adornar-se com tranças, ouro, pérolas ou roupas caras (1Timóteo 2.9).
16. Abstenham-se da imoralidade sexual (Atos 15.29).
17. Não procurem esposa (1Coríntios 7.27).
18. Evitem orar em público (Mateus 6.5,6).
19. Falem em línguas em particular e profetizem em público (1Coríntios 14.5).
20. Tenham uma vida tranquila e trabalhem com as próprias mãos (1Tessalonicenses 4.11).
21. Levantem as mãos ao orar (1Timóteo 2.8).
22. Deem a quem lhes pede (Mateus 5.42).
23. Inscrevam (na lista de ajuda) apenas viúvas que tenham mais de 60 anos, tenham sido fiéis a seus maridos e sejam bem conhecidas por suas boas obras (1Timóteo 5.9,10).
24. Mulheres, sujeitem-se a seus maridos (Colossenses 3.18).
25. Não mostrem nenhuma parcialidade a favor dos ricos (Tiago 2.1-7).
26. Não devam nada a ninguém (Romanos 13.8).
27. Abstenham-se da carne de animais estrangulados (Atos 15.29).
28. Se alguém não quiser trabalhar, também não coma (2Tessalonicenses 3.10).
29. Separe cada um uma quantia para os pobres no primeiro dia da semana (1Coríntios 16.1,2).
30. Quem deve imposto que o pague (Romanos 13.7).[1]

Um estudioso da Bíblia pode pesquisar as ordens que ele considerar situacionais e explicar por que o autor bíblico aplicou aquele princípio exatamente daquela maneira à situação de tensão. Por exemplo, o apóstolo Paulo

---

[1] Adaptado de Mont SMITH, The Temporal Gospel, *The Other Side*, nov.-dec., 1975.

deu muitas instruções sobre comer carne que havia sido usada em cerimônias pagãs nos templos, um problema nada comum hoje em dia em nações ocidentais. Além disso, na época e nas condições de uma igreja como a de Corinto, as mulheres eram julgadas com base em rigorosos costumes sociais. Se uma mulher falasse em uma reunião pública, o grupo naturalmente suporia que ela fosse uma prostituta ou uma sacerdotisa pagã: a mesma inferência era feita acerca de mulheres que usavam certos penteados.

Paulo percebeu a necessidade de adaptar linhas de tensão de acordo com o grupo em meio ao qual se encontrava. Não permitiu que os cristãos judeus forçassem os gentios a circuncidar-se contra a própria vontade. No entanto, ele se submeteu a ritos de purificação no templo de Jerusalém (Atos 21) para ganhar a confiança dos judeus cristãos.

Hoje enfrentamos nossas próprias linhas de tensão. Quando a raça humana era jovem num planeta de incrível extensão e população mínima, a lei "Sejam férteis e multipliquem-se" era obviamente apropriada. Mas obedecemos tão bem àquela ordem que agora toda a vida corre perigo. Precisamos dar nova ênfase à nossa responsabilidade para com o solo, a fauna, a flora e talvez refrear nossa busca pela multiplicação.

Agora que podemos fazer uma separação entre o desfrute do sexo e o risco de ter um número maior de filhos, precisamos de novas maneiras para enfatizar a visão cristã de que o sexo é um meio para um fim, e não um fim em si mesmo. Se nem sempre é uma etapa para a concepção de um bebê, como o sexo pode ser reafirmado como símbolo do amor contínuo entre um casal, e não como uma expressão fortuita de luxúria?

Alguns membros da igreja estão tentando adaptar-se às tensões criadas pela profissão médica. Quando doenças graves atacaram a saúde, regras para prolongar a vida foram desenvolvidas. Hoje a ciência é capaz de prolongar a vida quase indefinidamente, mesmo quando ela não tem mais nenhum sentido, consciência ou esperança de recuperação, e isso a despeito de nenhuma das antigas definições da morte ter sido satisfeita.

Essas questões não exigem revisões radicais de credos e crenças, mas evidenciam a necessidade de que alguns membros da igreja reflitam, estudem a Bíblia e orem, para depois abrir caminho para uma reinterpretação da vontade de Deus para a sua geração. Essas pessoas, profetas e mestres, servem como células ósseas vivas no corpo de Cristo, depositando minerais inorgânicos que integram nossa estrutura. Elas deveriam ter humildade e dedicação para preservar os grandes princípios da fé cristã. No entanto, devem igualmente cuidar para que os princípios sejam relevantes e comuniquem vigor exatamente onde dele se necessita.

Em 1892 Julius Wolff observou pela primeira vez as linhas de tensão na disposição celular do esqueleto humano. Foi o que levou à Lei de Wolff que todos os estudantes de medicina aprendem. Levado pelo entusiasmo, Wolff declarou que os ossos existiam num estado de fluxo, adaptando-se rapidamente às mudanças de meio e função. Na verdade, quando visito um museu e comparo esqueletos através dos séculos, fico impressionado principalmente por sua uniformidade. Adaptações à tensão são saliências menores e leves sulcos ao longo dos ossos que mantiveram consistentemente seu comprimento e configuração definidos.

Por trás de cada uma das adaptações da lei divina aplicada a uma cultura específica da Bíblia, encontra-se um princípio básico. O respeito pela vida deve ser acalentado, contudo redefinimos a vida hoje à luz de novos avanços médicos. O recato deve ser defendido, mas nos dias atuais uma mulher de cabelos curtos não deixa de ser recatada. O osso perdura; o Corpo simplesmente se adapta a novas tensões.

13

O avesso

Teu osso não tem medula, teu sangue é frio.

MACBETH

Duas vezes por ano uma estranha febre se alastra como névoa partindo dos igarapés e estendendo-se pelas planícies da Louisiana. Placas escritas à mão são escoradas em frente a decadentes restaurantes: TEMOS PITU FRESCO! Escolares, descalços e suados, sobem dos valos com baldes de zinco contendo dezenas de criaturas pré-históricas. Em cada balde há uma massa contorcendo-se, feita de antenas esmagadas, garras flexíveis e esqueletos que estalam.

Podem-se encontrar pitus em quase todos os rios, lagoas ou riachos da Louisiana e na maioria dos outros estados. Riachos em valos profundos cortando de leste a oeste são os locais preferidos pelos pitus. Eles preferem proteger-se do sol forte, e essa topografia lhes oferece mais sombra. De manhã cedo ou pelo anoitecer, posicione-se de cócoras à margem de um riacho e espere. Logo seus olhos se adaptarão à fervente superfície e você poderá focalizar o mundo subaquático. É provável que não enxergue pitus imediatamente. Eles são ariscos, e sua coloração verde ou amarronzada é uma perfeita camuflagem.

Você fica olhando, e de repente um monstro aparece. Primeiro, duas garras blindadas, articuladas, recurvadas nos cotovelos e com aparência ameaçadora. As garras do pitu, metade do seu comprimento, conferem-lhe uma aparência militar desequilibrada, como uma espingarda com dois gigantescos obuses projetando-se da proa. Dois lampejantes olhos negros projetam-se entre as garras, nas extremidades de hastes — hastes *móveis.* Se o pitu quiser ver você de um ângulo melhor, ele não inclina a cabeça, mas mexe as hastes dos olhos com a mesma facilidade com que você levanta uma sobrancelha.

Se o bagre cata o lixo das lagoas, o pitu o compacta. Tudo entra pela sua boca: caracóis, outros pitus, plantas, rãs, peixes — vivos ou mortos, frescos ou em decomposição. Sua irmã mais velha, a lagosta, degusta com prazer pitus de casca dura, moluscos e mexilhões. Essa ingestão de alimentos pedregosos torna-se possível graças a um engenhoso equipamento, que inclui dois membros curtos e segmentados chamados *pinças,* as quais esmagam e rasgam tudo o que se coloca entre eles. No interior, o estômago do pitu exibe três duros dentes de osso que continuam o processo da mastigação.

O restante do pitu reproduz em miniatura a conhecida lagosta: placas sobrepostas de uma couraça que termina numa larga cauda em forma de leque.

Em 1879 Thomas Henry Huxley escreveu um livro clássico sobre o pitu. Ele discorreu sobre os desprezíveis hábitos dessa espécie, que pode atacar os próprios filhotes ou devorar o cônjuge depois de um intenso acasalamento. Relatou o espantoso processo de regeneração pelo qual o pitu que perde uma garra desenvolve outra nova milagrosamente. Descreveu as qualidades ímpares do sangue incolor desse crustáceo, o qual se adapta à temperatura da água do ambiente. O líquido claro que se escoa de um pitu ferido mal traz à mente o fluxo da vida, mas aos olhos de um pitu o sangue vermelho provavelmente também parece estranho.

Escrevo sobre o pitu não por causa do seu sangue ou maus hábitos ou capacidade de regeneração, mas por causa do seu esqueleto. Se você abrir um pitu, encontrará carne macia, branquinha, pedindo para ser passada na manteiga. Ali não há ossos que incomodem um gastrônomo — a carapaça *é* o seu esqueleto. Quando chega a época do pitu na Louisiana, os restaurantes locais servem bandejas de aproximadamente 30 dessas criaturas cozidas, com sua casca tingida de vermelho brilhante pelo processo de fervura. Depois de uma hora quebrando, raspando e cavoucando, você tem uma bandeja cheia de esqueletos — tênues esqueletos externos com a configuração de pitus que, se montados como se estivessem vivos, pareciam pitus perfeitos.

O pitu tem um exoesqueleto. Seus músculos funcionam pressionando o esqueleto que o envolve, e a rigidez do pitu torna-se seu principal meio de ataque e defesa num mundo competitivo.

Após dedicar vários capítulos à propriedade essencial da rigidez dos ossos (doutrinas e princípios) do Corpo de Cristo, eu preciso, para preservar o equilíbrio, inserir uma forte advertência. Sinto a necessidade disso quando comparo a família do pitu e da lagosta com os seres humanos. A diferença é óbvia, especialmente quando se tenta apertar as mãos de uns e de outros. A mão humana é macia, quente e sensível. Se você desse a mão a um pitu, sentiria inflexibilidade, frieza e provavelmente dor. Uma lagosta de bom tamanho pode quebrar-lhe um dedo com um beliscão de sua garra.

Quando olho para a história da igreja, grandes falhas aparecem — falhas que podem ser atribuídas ao entendimento errado do lugar do esqueleto no Corpo de Cristo. Alguns cristãos que têm consciência da importância da lei e da disciplina infelizmente usam o esqueleto do lado de fora. Quando você encontra esse tipo de pessoas, o dogma delas sobressai como a casca de um pitu, dificultando a aproximação.

Os exemplos acorrem à mente: os monges "atletas de Deus" que pretendiam mostrar sua dedicação a Deus em público e de modo convincente. Simão Estilita, que morreu em 459 d.C., foi o primeiro exemplo: ele permaneceu empoleirado sobre uma coluna perto de Antioquia durante 36 anos e dizem que chegou a tocar os pés com a cabeça 1.244 vezes seguidas. Outros monges subsistiram comendo apenas capim. Teodoro de Sicea, um santo do século 7, passou a maior parte da vida dentro de uma estreita gaiola pendurada em uma rocha, exposto às tempestades invernais, minguando enquanto cantava salmos repletos de emoção.

Algumas dessas personagens procuravam uma forma pessoal de mostrar sua entrega a Deus. Outras, porém, esforçavam-se para exibir seu zelo a fim de impressionar os espectadores — exatamente o erro que Jesus amaldiçoou nos fariseus (veja Mateus 23 e Lucas 11).

Hoje as expressões mais rigorosas de fé são observadas nas religiões orientais, nas quais fanáticos caminham sobre brasas e se deitam em camas de pregos. No entanto, modos sutis de exibir exoesqueletos persistem no cristianismo.

Procure um não cristão caminhando pelas ruas de sua cidade ou bairro. Converse com ele e pergunte quais são suas impressões sobre os cristãos realmente compromissados — não os do tipo que vão à igreja aos domingos, mas daquele tipo sério de convertidos. É possível que imagens fugazes venham à mente desse não cristão. Talvez ele mencione caricaturas do juízo final, profetas vestidos de homem-sanduíche que se tornaram clichês em revistas de grande circulação. Talvez ele mencione pregadores de rádio que o atacam com ameaças sobre o inferno. Ou talvez identifique os cristãos ao seu redor por um certo estilo de vida, uma lista de coisas proibidas: fumar, beber, dizer palavrões, ir ao cinema ou dançar.

Como os evangélicos são identificados no mundo de hoje? Muitas vezes são vistos como gente que obedece a rigorosas normas. Os psiquiatras os acusam de ser incitadores de culpa, declarando que mais da metade de seus pacientes foi prejudicada psicologicamente por causa da igreja. De algum modo continuamos produzindo variações de cristãos empoleirados sobre colunas. Tendemos a nos retrair para dentro de nossos exoesqueletos e a definir nosso lugar no mundo por aquilo que nos diferencia do resto das outras pessoas.

Sinto-me muitas vezes tentado a encarar o legalismo como uma variação inocente da fé. Que diferença faz se uma denominação escolhe banir uma atividade inocente? Não é simplesmente engraçado que algumas igrejas de outros países, cujos membros bebem e fumam sem hesitar, se horrorizem diante da ideia de cristãos usando calças *jeans* ou mascando chiclete? Talvez alguns de nossos trejeitos culturais sejam simplesmente variações inocentes.

Mas o legalismo contém uma quantidade suficiente de perigo para provocar as mais fortes advertências da Bíblia. Nenhuma outra questão — nem a pornografia, nem o adultério, nem a violência, nem as coisas que mais exasperam os cristãos de hoje — inspirou explosões mais inflamadas por parte de Jesus.

Parece estranho, mas as pessoas que deixavam Jesus pálido de raiva eram as que a imprensa moderna poderia chamar de fundamentalistas bíblicos. Esse grupo, os fariseus, devotava a vida a seguir a Deus. Doavam dízimos exatos, obedeciam a cada minúcia da lei ordenada no Antigo Testamento e enviavam missionários para fazer novos convertidos. Quase nenhum pecado sexual ou crime violento era visível entre os fariseus. No entanto, Jesus denunciou esses cidadãos exemplares. Por quê?

Para responder a essa pergunta, volto ao humilde pitu esgueirando-se no fundo dos riachos da Louisiana. A comparação do exoesqueleto dele com o meu esqueleto interno, mais avançado, revela várias diferenças que iluminam as fortes declarações de Jesus em Mateus 23 e Lucas 11 acerca dos perigos do legalismo.

Primeiro, o pitu depende quase exclusivamente do seu esqueleto para proteger-se. Sua confiável couraça de placas pode manter os inimigos afastados. Os seres humanos, ao contrário, têm exteriores frágeis, vulneráveis. Contudo, à medida que as regras estabelecidas por Deus para libertar seu Corpo começam a calcificar-se, tendemos a acovardar-nos dentro delas em busca de proteção. Desenvolvemos um exoesqueleto defensivo. Em suas *Letters to an American Lady* [Cartas a uma senhora americana], C. S. Lewis disse: "Nada melhor para nos proporcionar uma consciência mais falsamente virtuosa do que a observância de regras, mesmo que haja total ausência de verdadeira caridade e fé".

Os legalistas enganam você. Como os fariseus e os "atletas de Deus", eles nos impressionam com sua dedicação inquestionável. Certamente, pensa você, eles têm uma elevada visão de Deus. Mas aprendi, ao crescer num ambiente legalista, que o legalismo de fato erra por mirar um alvo inferior. Ele explica exatamente o que se deve fazer para obter a aprovação de Deus. Dessa forma, os legalistas podem deixar de entender que o evangelho é um dom gratuito de Deus para pessoas que não o merecem.

Um meticuloso pesquisador chamado Merton Strommen recentemente entrevistou 7 mil jovens protestantes de diversas denominações, perguntando-lhes se concordavam com as seguintes afirmações:

"O modo de ser aceito por Deus é tentar sinceramente levar uma vida correta." Mais de 60% concordaram.

"Deus se satisfaz se alguém vive da melhor maneira que puder." Quase 70% concordaram.

"A principal ênfase do evangelho incide sobre as normas de Deus para levar uma vida correta." Mais da metade concordou!

Alguém poderia pensar que Paulo e Martinho Lutero nunca abriram a boca, ou que Jesus nunca veio ao mundo morrer por nós. Os jovens cristãos — na sua maioria — ainda acreditam que seguir um código de regras torna alguém aceito por Deus.[1]

---

[1] Strommen, Merton P. **Five Cries of Youth.** New York: Harper & Row, 1974. p. 76.

Que outra coisa a não ser a nossa inexorável e repetida insistência sobre regras rígidas poderia causar esse fenômeno? Será que dedicamos um tempo equivalente para explicar que as regras são simplesmente articulações e ossos que tornam o nosso Corpo eficaz, e não uma escada para Deus?

Um segundo perigo do legalismo é que ele limita o crescimento, formando uma crosta inflexível em torno do grupo que recebe aprovação.

Um pitu adulto tem apenas uma oportunidade de crescer durante um ano. Seu crescimento implica um árduo e tortuoso procedimento chamado muda, que expõe a criatura a perigos mortais. O limitante exoesqueleto deve ser trocado. Preparando-se para a traumática experiência, o pitu esfrega os membros uns contra os outros, movimenta cada um deles separadamente, depois se deita de costas, flexionando a cauda para cima e para baixo. Esses movimentos permitem-lhe certa movimentação dentro da casca.

Após vários espasmos agitados, o pitu empurra o corpo com força, e a parte superior de sua couraça se desprende, permanecendo conectada apenas pela boca. Desajeitado, ele liberta a cabeça, tomando cuidado especial com os olhos e antenas, que às vezes são prejudicados no processo. Em seguida, as pernas são arrancadas da casca, muitas vezes com a quebra de uma delas. Finalmente, com um súbito puxão para frente, o pitu libera o abdômen, e lá está ele nu e fragilizado.

Depois de prostrado descansar das exigências da muda de casca, o pitu esquiva-se em busca de proteção. Seu corpo, não mais uma lâmina laqueada e rígida de queratina, agora tem a consistência de papel molhado. Muitas vezes na muda o pitu transforma seu esqueleto descartado em sua primeira refeição, ingerindo os minerais que serão necessários para formar uma nova casca.

Em seguida, durante algumas semanas, o pitu efetua todo o crescimento de um ano inteiro. Pode acrescentar até uma polegada ao próprio comprimento antes que a nova casca se enrijeça e o prenda no formato e no tamanho do novo esqueleto.

Passei por um processo paralelo de muda cristã. Comecei num grupo fechado que tinha ideias rígidas a respeito do que um cristão devia ser e de quem era digno da comunidade. Depois de viajar e ampliar minha experiência, percebi que nem todos os cristãos pertenciam à minha raça, tinham o meu estilo de adoração ou avalizavam a minha formulação doutrinal. Por isso desenvolvi outra casca, até que minha próxima experiência começou. Eu tendia a ver a família cristã como um grupo exclusivo de *pessoas como eu* encerradas em uma casca. Dentro, tudo era quente e confortável; fora, a casca nos protegia do "mundo".

Jesus, contudo, nunca descreveu algo parecido com um exoesqueleto para definir os cristãos. Ele sempre apontou para exigências mais elevadas e mais nobres, usando conceitos como amor, alegria e plenitude de vida — conceitos internos. Quando alguém o procurava pedindo a interpretação específica de uma norma do Antigo Testamento, em geral ele preferia apontar para o princípio por trás da norma.

Jesus entendia que as normas e as orientações comportamentais são concebidas para libertar o movimento e promover o crescimento, como faz o esqueleto vertebrado, não para inibir o crescimento, como faz o exoesqueleto.

Talvez o efeito mais pernicioso do legalismo seja a sua influência sobre os grupos fora da comunidade legalista. As lagostas e os pitus são animais pouco atraentes por causa de suas cascas externas. Se as doutrinas e normas forem usadas externamente, como uma exibição de superioridade espiritual, o exoesqueleto obscurece a graça e o amor de Deus, deixando o evangelho cristão feio e nem um pouco atraente.

No começo do século passado, na Índia e em outros países asiáticos, a tendência de os missionários ocidentalizarem a igreja criava um exoesqueleto rígido que ofendia a sociedade local e limitava a influência da igreja.

Também no Ocidente alguns exemplos persistem. Identifique uma pessoa que já se envolveu muito com a igreja e depois optou por deixá-la, e provavelmente você ouvirá que alguma atitude ríspida atrapalhou a fé dessa pessoa. Talvez tenha sido alguma atitude crítica dos cristãos acerca de uma situação matrimonial. Quantos divorciados não deixaram a igreja por se sentirem dentro dela como cidadãos de segunda classe? Ou talvez tenha sido a desaprovação de um hábito, como fumar. Tendo tratado de enfisemas e removido pulmões cancerosos, eu detesto o tabagismo. E detesto o que o divórcio faz com suas vítimas, especialmente as crianças. Mas não devo permitir que a minha visão sobre o fumo e o divórcio afastem as pessoas.

105

Meu modelo deve ser Jesus, que detestava o pecado, mas amava o pecador. Embora publicamente declarasse as leis de Deus, ele de certo modo as transmitia com tal amor que se tornou conhecido como amigo dos pecadores.

Será que nós afastamos as pessoas das riquezas do amor de Deus por causa de nossas ideias sobre como elas devem comportar-se? As regras de comportamento com certeza têm uma função. A Bíblia está cheia delas. Mas elas são concebidas para serem usadas por dentro, não por fora como um espetáculo de superioridade.

Um fenômeno preocupante recorre entre os jovens cristãos criados em lares sólidos e igrejas seguras. Depois de passar os primeiros anos como exemplos destacados de fé cristã, muitos tornam-se desertores espirituais. Será que eles fracassaram por se concentrarem na vida exterior, visível? Será que aprenderam a imitar certos comportamentos, nuanças de palavras e respostas espirituais? Será que, feito pitus, eles desenvolveram um exterior rígido parecido com o de todos os outros e concluíram que aquele era o reino de Deus, enquanto por dentro eram na verdade fracos e vulneráveis?

Quando o cristianismo é um exercício externo, pode ser descartado da mesma forma que um pitu joga fora sua casca. De fato, muitos pitus perecem por causa do suplício da muda, seja por exaustão, seja por sua vulnerabilidade a inimigos externos.

Uma casca exterior pode ser atraente, confiável e protetora. Certamente tem vantagens em relação a um esqueleto morto ou a uma pura e simples ausência de esqueleto. Mas Deus quer para nós um esqueleto mais avançado que sirva, ainda que permaneça escondido.

Pele

14

Visibilidade

O que é, então, este revestimento inconsútil do corpo, de quase dois metros quadrados, este nosso invólucro, nossa fachada, que cora, empalidece, transpira, cintila, brilha, estria, formiga, adormece, coça, nos dá prazer e dor todos os dias, ao mesmo tempo protetor dos órgãos no seu interior e sensível investigador e aventureiro do mundo exterior?

RICHARD SELZER

Na Índia, enquanto a pesquisa da lepra me consumia o tempo, minha mulher Margaret preparava-se para ser oftalmologista, especializando-se em cirurgia dos olhos. Uma vez que muitos dos pacientes mais necessitados não podiam deslocar-se até o hospital, ela e uma equipe de auxiliares saíam com sua unidade móvel bem-equipada para visitas mensais pelo interior. Em determinada data, um local selecionado, possivelmente uma escola ou uma antiga usina de beneficiamento de arroz, recebia uma multidão de indianos acometidos de olhos lacrimejantes ou cegueira. O grupo trabalhava em condições precárias, às vezes sob um calor sufocante, organizando uma linha de montagem de atendimento. Quando não havia um local disponível, chegavam a montar mesas de operação portáteis debaixo de uma árvore. Às vezes dois médicos faziam mais de 100 operações por dia.

Em 1956, a equipe de Margaret organizou um acampamento durante várias semanas em uma área da Índia devastada pela seca. As safras tinham-se perdido nos cinco anos anteriores, e os poços estavam secos, sem água para beber. Aparecia gente de todos os cantos, implorando comida. Supondo que teriam de ficar no acampamento para receber alimento, muitos se apresentavam para cirurgias desnecessárias — chegando até a pedir que um dos olhos fosse removido — a fim de conseguir um pouco de comida.

Jovens ofereciam-se para auxiliar no trabalho daquele agitado acampamento, e um menino negro de aproximadamente 12 anos foi designado para ajudar Margaret. De pé sobre uma caixa, vestindo um belo porém largo uniforme hospitalar, ele tinha ordens rigorosas para segurar uma lanterna de três baterias de modo que a luz incidisse diretamente sobre a córnea do paciente. Margaret estava na dúvida: será que um menino do interior que nunca vira uma cirurgia aguentaria o trauma de ver os olhos dos pacientes sendo cortados e depois costurados?

O menino, porém, cumpriu sua tarefa com notável autocontrole. Durante as primeiras cinco operações, ele seguiu meticulosamente as orientações de Margaret a respeito de quando mudar o ângulo da luz, mirando o facho com mão firme e confiante. Mas durante a sexta operação ele fraquejou. Margaret lhe dizia em voz baixa:

— Irmãozinho, ilumine aqui direito —, o que ele fazia por um momento, mas logo a luz desviava perigosamente do ponto onde ela estava cortando.

Margaret podia ver que ele simplesmente não suportava olhar para o olho que estava sendo operado. Parou e perguntou-lhe se ele estava sentindo-se bem.

Lágrimas rolaram por sua face, e ele gaguejou:

— Ah, doutora... eu... eu não consigo olhar. Esta aqui, ela é minha mãe. Dez dias mais tarde o sofrimento do menino terminou. Os pontos da operação foram removidos dos olhos da mãe, e a equipe médica deu-lhe um par de óculos. A mãe primeiro ficou piscando para evitar a luz ofuscante, mas no fim ajustou e focalizou o olhar e, pela primeira vez na vida, viu o filho. Um sorriso desenhou-se em seu rosto, e ela estendeu as mãos para tocá-lo.

— Meu filho — disse ela —, eu achava que conhecia você, mas hoje eu vejo você. — E puxou-o para junto de si.

Do seu jeito comovente, a mulher indiana expressou como seu filho finalmente se tornara para ela uma imagem reconhecível. Antes, ela conhecia as sensações de tocá-lo e ouvi-lo. Agora tinha uma imagem literal de sua forma e aparência. Se ele lhe aparecesse em sonhos no meio da noite, ela o reconheceria. No entanto, a mãe vira apenas um dos órgãos do corpo do filho, a pele. Nossas impressões e memórias uns dos outros vêm embaladas nesse órgão visível pelo qual julgamos os outros e transmitimos as nossas reações.

Às vezes invejo o campo de atividade médica de minha mulher, que se restringe a duas ovais transparentes não cobertas pelo tecido opaco da pele. Ela pode espiar para dentro sem cortar e, se precisar fazê-lo, pode observar a cura mais tarde com uma visão desobstruída. Apenas os olhos mostram ao médico células vivas e úmidas de dentro do corpo: corpúsculos que se precipitam através de capilares e traços de bactérias e câncer.

Todavia, de uma forma mais sutil, de forma semelhante aos olhos, a pele é uma janela. Através dela discernimos a saúde das funções internas. A anemia aparece nas unhas e na pele, revelando uma palidez espectral em suas vítimas. A icterícia torna a pele amarela, ao passo que uma forma de diabete a matiza de bronze. Algumas drogas transformam a pele num iridescente azul tatuado. Temos pacientes assim em Carville. Escorbuto, beribéri, disfunções glandulares — a pele revela a presença dessas moléstias e de muitas outras deficiências.

Depois de esgotar todas as cores do arco-íris, a pele recorre a outros sinais. A lepra se manifesta quando os terminais nervosos se calam. Cânceres se revelam em erupções cutâneas ou em manchas que se intensificam. Um especialista em alergias consegue descobrir o código secreto dos gostos e repulsas de seu corpo apenas marcando a pele das costas com infiltrações do tamanho de uma picada de alfinete. É pelo de cachorro? Pólen? Mariscos? Sua pele desvenda o enigma dos misteriosos acessos de vômito ou de espirros.

A pele é também uma janela para o mundo emocional interior. Temos relativamente poucos músculos voluntários na pele — não podemos contraí-la à vontade, como faz um cavalo. Mas temos controle sobre o rosto, e há uma quantidade de volumes escritos sobre o assunto. Mágoas da infância estão às vezes estampadas nos contornos da pele como iniciais cravadas no tronco de uma árvore. Uma leve curva dos lábios para baixo pode alertar um cônjuge de que é preciso pisar em ovos naquele momento.

Às vezes o corpo se revolta e mostra seus verdadeiros sentimentos à nossa revelia. Disse Mark Twain: "O homem é o único animal que fica vermelho — ou que precisa ficar". Corar. O processo conota um súbito calor, um acentuado inchaço dos vasos sanguíneos que involuntariamente, até de forma rebelde, bombeiam 50 vezes mais sangue para a pele. (Imagine o reservatório de água de uma cidade reagindo a um súbito aumento de 5.000% da demanda.) Os jovens coram mais que os velhos, as mulheres mais que os homens. Ninguém escapa: coram os cegos, coram todas as raças, inclusive as mais escuras (seus albinos o comprovam). O corar atua sobre a pele como um alerta para sentimentos secretos.

Não há nenhum órgão como a pele. Pesando em média aproximadamente quatro quilos, ela se flexiona, dobra e enruga ao redor de articulações, saliências faciais, dedos nodosos e glúteos carnudos. Aqui ela é macia como a barriga de um bebê, ali áspera como um crocodilo. As mãos de um pedreiro podem ser calosas, tesas e cobertas de uma camada de lixa, mas dobras flácidas cobrem seu abdômen. Intrincados pontos de junção prendem o invólucro de uma perna, apertando-a contra a camada de músculos; um cotovelo tem a pele solta como a de um gato que pode ser suspenso pelo cangote.

Escolha seções do escalpo, dos lábios, dos mamilos, dos calcanhares, do abdômen e das pontas dos dedos para examinar sob um microscópio de laboratório. Elas diferem tanto entre si como a pele de uma grande variedade de espécies — a pele é uma colcha de retalhos que de certa forma cresce como uma placa contínua sobre o corpo. Minúsculos sulcos entrecruzam a superfície cutânea para fornecer tração, de modo bastante parecido com o que acontece com os pneus para a neve. Surpreendentemente, sem uma razão visível, cada um de nós tem um padrão diferente de sulcos, um arabesco do qual os órgãos de inteligência tiram muito proveito em seus arquivos de impressões digitais. Os sulcos proporcionam a textura e a força para segurar um objeto escorregadio.

Temos um caso de amor com a nossa pele, e curiosamente nossa principal reação é enfeitá-la. Os homens praticam a cada manhã o ritual de cortar o excesso que os folículos pilosos produziram durante a noite. Ajeitam os cabelos, talvez se preocupem com algumas espinhas e inspecionam uma ou duas manchas. As mulheres ampliam o ritual, rechaçando o árduo trabalho das densas glândulas oleosas do nariz, às quais elas secam com pós, encaracolando alguns cabelos das pestanas, arrancando outros e delineando os olhos com traços de cores vivas. Algumas pintam a pele como uma tela, ocultando-a sob uma camada de cor; a maioria sombreia os lábios para combiná-los com a da roupa do dia. E além disso, ao contrário de todos os outros animais deste mundo de Deus, nós sentimos a necessidade de encobrir grandes partes dessa pele, sustentando com isso a multibilionária indústria da moda.

Eu consigo entender melhor essa compulsão de adornar a pele estudando a concorrência, os vários milhões de outras espécies com quem dividimos o planeta. Escolha uma classe de animais — cobras, insetos, pássaros, mamíferos — e observe as imagens coloridas de seus membros em um livro ilustrado. O brilho e o desenho saltam das páginas. É como se o criador começasse com grande entusiasmo, sendo espalhafatoso com as araras, as baleias assassinas e as cobras corais, parasse para descansar fazendo os lagartos de cor cinza, os pardais sem graça e os peixes de pesca, e depois esbanjasse nos peixes tropicais pigmentos recém-inventados, salpicando cardeais, papagaios e pombos antes de concentrar-se nos projetos mais intrincados de escamas de répteis, listras de zebras e manchas de leopardos. Depois, exaurida a criatividade e com os pigmentos se acabando, ele teria escolhido suaves e uniformes cores de carne para a espécie humana — com interessantes variedades de amarelos, marrons e vermelhos, sem dúvida —, mas sempre tons sólidos de uma só cor, excetuando-se um toque de coral nos lábios e nos mamilos.

Quão habilidoso é o Criador? Considere os desenhos tracejados, as pinturas, as esculturas e as fotografias que, desde os homens das cavernas, vêm expressando a nossa interminável fascinação pela simples pele humana. Estudando a bioquímica da pele, posso esquadrinhar de que forma algumas moléculas aqui e ali, interagindo com a luz do sol, conseguem mudar de cor (a raça negra deriva sua rica tonalidade de apenas 1/30 trinta avos de uma porção de 30 gramas de melanina.) Posso compreender o processo pelo qual células gelatinosas e úmidas avançam até a superfície a fim de se achatarem e se secarem, transformando-se em queratina, uma camada escamosa e protetora, antes de se desprenderem do corpo. Posso entender o complexo processo da queratina produzindo unhas rígidas e cascos de cavalo. Mas nenhum estudo diminuirá meu assombro quando observo uma única haste de queratina forçando sua saída a partir de um folículo, crescendo ereta e orgulhosa, e abrindo-se de forma impressionante como se fosse uma pena de pavão. O que era química se transforma em beleza. É como se uma brilhante colcha apalache surgisse de uma rocha, como se um deserto de repente desse à luz um cardume de cabriolantes golfinhos.

Comparado a outros animais ricamente enfeitados, o ser humano parece nu, vulnerável, incompleto. Mais do que a pele de qualquer outra espécie, a nossa foi concebida não tanto visando à aparência, mas sim ao relacionamento, ao tato. Esse aspecto da pele evoca a função cutânea básica no Corpo de Cristo. Nesse Corpo, a pele torna-se a presença do próprio Cristo, uma membrana de revestimento que define nossa comunidade e envolve o Corpo de Deus no mundo. Vimos que os cristãos às vezes erram exibindo seu esqueleto perante o mundo que os observa. Cristo condenou essa tendência. Em vez disso, mostrou-nos o princípio do amor, dizendo: "Todos saberão que vocês são meus discípulos, se vocês se amarem uns aos outros" (João 13.35).

A analogia da pele — macia, quente e agradável ao tato — transmite a mensagem de um Deus que deseja relacionar-se em amor com a sua criação. Cristo nos dizia: Deixem que o mundo veja primeiro a beleza e sinta a suavidade e o calor da comunidade cristã, e depois ele perceberá a estrutura interna latente.

Quando o mundo entra em contato com o Corpo de Cristo, qual é a sua textura, aparência e "toque" — sua pele? Será que as pessoas veem "amor, alegria, paz, paciência, amabilidade, bondade, fidelidade, mansidão e domínio próprio" (Gálatas 5.22-23)? Nós julgamos os outros pelas aparências, estudando as expressões faciais em busca de algum indício de emoção ou de algum vislumbre do que se passa dentro deles. Da mesma forma, nós, como um Corpo, somos minuciosamente analisados e avaliados. Os outros estão formando uma imagem de Cristo a partir de nossas aparências. A atmosfera de uma igreja, assim como a pele, revelará a substância que há por trás dela.

15

Percepção

O maior sentido do corpo é o tato. Nós sentimos, amamos e odiamos, somos sensíveis e somos tocados por meio dos corpúsculos da nossa pele.

J. LIONEL TAYLOR

Em 1953 eu viajei pelos Estados Unidos com uma bolsa da Fundação Rockefeller, pesquisando sob a orientação de renomados patologistas e cirurgiões das mãos, a fim de explorar por que a lepra causava paralisia. Minha viagem terminou em Nova York onde eu deveria falar pela Missão Americana da Lepra e visitar vários cirurgiões. Durante o encontro da Missão, comecei a sentir náuseas e tonturas. Consegui fazer a palestra, mas a febre continuava subindo enquanto eu me dirigia para a estação do metrô. A certa altura, cambaleei e caí no vagão do trem, tonto demais para me sentar ou levantar. Os outros passageiros, provavelmente supondo que eu estivesse bêbado, simplesmente me ignoraram.

De algum modo, consegui cambalear até o hotel. Vagamente percebi que devia chamar um médico, mas o apartamento não tinha telefone e a doença me afetava tanto que só consegui deitar na cama contraído feito um caracol e lamentar. Fiquei assim por vários dias, e o serviço de quarto me trazia diariamente suco de laranja, leite e aspirina.

Embora ainda estivesse fraco e inseguro, recuperei-me a tempo de embarcar no navio que voltava para a Inglaterra. Depois de desembarcar em

Southampton, tomei um trem para Londres. Sentei-me num canto apertado, todo encolhido, querendo que a interminável viagem acabasse.

Finalmente cheguei à casa de minha tia, esgotado física e emocionalmente. Caí numa cadeira como um saco de batatas e tirei os sapatos. Então experimentei provavelmente o momento mais negro de toda a minha vida. Quando me inclinei para frente e tirei a meia, percebi algo horrível: eu não sentia o calcanhar esquerdo.

Um medo aterrorizante, pior do que a náusea, apossou-se do estômago. Após sete anos trabalhando com pacientes leprosos, será que finalmente havia acontecido? Será que agora eu mesmo seria um paciente? Levantei-me sufocado, procurei um alfinete e sentei-me outra vez. Espetei de leve uma pequena área da pele abaixo do tornozelo. Eu não sentia dor. Enfiei o alfinete mais fundo, ansiando por um reflexo, não aconteceu nada — apenas um ponto de sangue surgiu no local alfinetado. Segurei o rosto entre as mãos e senti um calafrio, ansiando por uma dor que não se manifestava.

Durante sete anos, minha equipe e eu nos uníramos na batalha contra séculos de tradição a fim de alcançar nova liberdade para pacientes leprosos. Tínhamos tentado combater o medo, havíamos ajudado a derrubar a horrível cerca de arame farpado que rodeava a vila da lepra em Vellore.

Eu garantira aos membros da equipe que aquela enfermidade era a menos contagiosa de todas as doenças transmissíveis e que uma higiene apropriada praticamente asseguraria que ninguém contrairia o mal. Agora eu, o líder... um *leproso*. Essa perversa palavra que eu banira do meu vocabulário erguia-se como um monstro com novos significados. Com que facilidade eu encorajara pacientes a superar o estigma do passado e a forjar uma nova vida passando por cima dos preconceitos da sociedade!

A cabeça me martirizava. Eu teria de afastar-me de casa, naturalmente — os filhos dos pacientes eram o grupo mais vulnerável. Talvez devesse ficar na Inglaterra. Mas e se a notícia de algum modo se tornasse pública? Eu podia imaginar as manchetes. E o que aconteceria com o meu trabalho junto aos leprosos? Quantos agora arriscariam tornar-se marginalizados da sociedade para ajudar as infelizes vítimas?

Passei a noite inteira sobre a cama, completamente vestido, com exceção dos sapatos e das meias, suado e ofegante pela tensão. Cenas sucediam-se rapidamente na minha cabeça — tocantes lembretes do que eu perderia como paciente leproso. Embora sabendo que drogas à base de sulfona provavelmente deteriam a doença em pouco tempo, eu não podia deixar de imaginar a moléstia alastrando-se pelo meu rosto, pelos pés e pelos dedos das mãos. As mãos eram os meus instrumentos de trabalho. Como eu poderia usar o bisturi em órgãos vivos sem ter perfeito controle sobre os dedos e reações adequadas à pressão? Minha carreira de cirurgião logo chegaria ao fim.

E quanta beleza também seria perdida! Meu maior divertimento sempre fora trabalhar no jardim. Eu gostava de revolver o solo com uma enxada, depois me abaixar e esmagar a terra entre os dedos. Isso me proporcionava um mundo de sensações: dureza nos torrões, orvalho no capim e uma sensação de umidade do solo ou de barro molhado. Talvez eu perdesse essa sensibilidade.

Já não sentiria a agradável maciez ao acariciar um cachorro, ou o bater das asas de um escaravelho de verão em minhas mãos, ou os movimentos pré-natais de uma lagarta pulsando de maneira ominosa contra o áspero casulo. Penas, sapos, flores, lã — sensações do tato enchiam o meu mundo. Como eu trabalhava com pacientes leprosos que tinham perdido a maior parte dessas sensações, eu as estimava de modo mais consciente do que a maioria das pessoas.

Finalmente amanheceu, e eu me levantei, agitado e cheio de desespero. Fixei o espelho por um momento, criando coragem, depois peguei novamente o alfinete para mapear a área afetada. Respirei fundo, espetei no ponto — e gritei forte. Nunca uma sensação foi tão deliciosa como aquele sobressalto elétrico de dor percorrendo-me o corpo. Caí de joelhos agradecendo a Deus.

Ri alto e sacudi a cabeça por minha tolice da noite anterior. Era óbvio, tudo fazia sentido agora. Como permaneci sentado no trem, enfraquecido o suficiente para evitar os inquietos movimentos normais de um lugar apertado, um dos nervos da perna ficou entorpecido. Exausto, eu tinha exagerado meus medos, tirando conclusões precipitadas e falsas. Não havia lepra nenhuma, apenas um viajante cansado, nervoso.

Essa triste experiência, que eu durante anos por vergonha não mencionei a ninguém, deixou-me profundas lições sobre a dor e a sensibilidade. Desde aquele dia tenho tentado deliberadamente sentir, *realmente* sentir o número extravagante de objetos que me cercam. Florestas, animais, tecidos, esculturas, quadros — tudo isso suplica por ávidas explorações de dedos famintos de sensações.

A pele não existe apenas para dar ao corpo uma aparência. É também uma fonte vital, sussurrando incessantes informações sobre o nosso ambiente. A maioria dos órgãos dos sentidos — os ouvidos, os olhos, o nariz — estão confinados a um único ponto. A pele se espalha fina como uma massa pressionada por um rolo e é salpicada por meio milhão de minúsculos transmissores, como telefones apinhados aguardando para transmitir ao cérebro notícias importantes.

Pense na variedade de estímulos que sua pele monitora cada dia: vento, partículas, parasitas, mudanças de pressão, temperatura, umidade, luz, radiação. A pele é forte o bastante para suportar os pesados solavancos de uma corrida no asfalto, mas sensível o suficiente para que os pés nus expostos a uma leve brisa sintam cócegas. A palavra *tato* conota tal pletora de significados e imagens que em muitos dicionários, inclusive no *Oxford*, sua definição ocupa mais espaço do que qualquer outro verbete. Eu quase não consigo imaginar uma atividade humana — esportes, música, arte, culinária, mecânica, sexo — que não dependa vitalmente do tato. (Talvez a matemática pura?)

O tato é o mais alerta dos nossos sentidos enquanto dormimos, e é aquele que parece revigorar-nos emocionalmente: pense no abraço dos amantes, no suspiro de satisfação após uma massagem, no abraço de um bebê, na dor aguda de um chuveiro demasiado quente. Leia as ponderações de Helen Keller — que recebeu um diploma *cum laude* da Universidade de Radcliffe e escreveu 12 livros — e você verá o que o cérebro pode realizar com o *input* exclusivo do tato.

Embora os cientistas discordem sobre como exatamente o tato funciona, eles podem avaliar o nível de eficiência do seu funcionamento. Um toque com a unha pode dizer-me se estou tocando papel, tecido, madeira, plástico ou aço. Uma mão normal pode distinguir entre uma superfície lisa de vidro e outra gravada com linhas com apenas 0,10 milímetro de profundidade. Um especialista em tecidos sabe rapidamente reconhecer uma juta pela fricção — isso é fácil; mas ele também é capaz de distinguir o cetim da seda, de olhos vendados. Esfregando as mãos sobre um tecido sintético, ele consegue detectar se a mescla de náilon foi aumentada em 5%.

Aqueles pelos aparentemente inúteis que cobrem o nosso corpo atuam como alavancas ampliando a sensação do tato. Conseguimos discernir uma pressão de um milésimo de 0,02 gramas na ponta de um pelo de 12 milímetros.[1]

A avançada capacidade da pele de enviar informações ajuda-me a entender um dos principais deveres da "linha de frente" do Corpo de Cristo: perceber com sensibilidade as pessoas com quem ela estabelece contato. Conselheiros principiantes, ávidos por ajudar aos outros, são alertados: "Primeiro, você deve escutar. Seu sábio conselho não surtirá bom efeito, a menos que você comece a escutar a pessoa necessitada". A pele proporciona uma espécie mais básica de percepção, uma percepção tátil de mil sensores. O amor aos outros começa com esse contato fundamental.

Se houver uma mudança na pressão do ar, ou na textura de um pano, ou na temperatura, os sensores cutâneos disparam recados ao cérebro. Da mesma forma, a igreja cristã, que, como disse Jesus, "está no mundo, mas não é do mundo", enfrenta um fluxo constante de sinais sobre as qualidades e as necessidades do seu ambiente. O Corpo é amplo, universal, e seus sensores transmitem simultaneamente das Marina Towers de Chicago, dos cortiços do Harlem, das florestas do Peru e do Sri Lanka e dos desertos da Rússia e da Arábia.

No Corpo de Cristo, alguns membros são especificamente destinados a monitorar as necessidades mutáveis do mundo. Hoje, por exemplo, as missões cristãs estão ficando mais sensíveis às necessidades físicas e sociais das pessoas, bem como às suas necessidades espirituais.

Os primeiros tempos das missões foram ocasionalmente marcados por pessoas insensíveis a novos ambientes. Elas não sentiam o valor e a beleza presentes nas culturas estrangeiras. Reagiam aos africanos de peito nu que rufavam tambores como se eles fossem europeus não desenvolvidos, enrolando-os em roupas inapropriadas e ensinando-lhes os hinos preferidos de Martinho Lutero.

---

[1] Um grande amigo meu, o dr. Khonalker, de Bombaim, aprendeu por experiência própria sobre a sensibilidade dos pelos ao testar um grupo de mulheres com vistas a determinar o limiar normal da sensibilidade. Ele descobriu que as mulheres que não se depilavam usualmente eram durante algum tempo insensíveis na área depilada para o teste, tão insensíveis como pacientes leprosos. Mas aos poucos sua pele se adaptava; a pele apresenta potencial para maior sensibilidade, mas o suprimia assim que os pelos estavam presentes. Quando estes eram removidos pela depilação, o corpo notava áreas silenciosas nas pernas e "aumentava o volume" das células sensíveis ao tato naquele ponto.

O amor paternalista invade o cenário com soluções enganosas concebidas bem longe da necessidade humana. A melhor espécie de amor, a mais eficiente, começa com uma escuta silenciosa, uma consciência tátil.

Dentre todos os sentidos, o tato é o mais confiável. Um bebê começa a relacionar-se com o mundo por meio do tato. Dê-lhe um objeto para brincar, e ele o toca com os dedos, depois o leva à boca e o experimenta com a língua. Para ele, os sentidos da audição e da visão são secundários; só mais tarde é que a criança passará a valorizar o sentido da visão em primeiro lugar. Mas até mesmo os adultos de certa forma acreditam mais facilmente nas sensações táteis. A prova "tangível" é mais fácil de aceitar. Tomé duvidou dos relatos visuais da ressurreição de Cristo, declarando: "Se eu não vir as marcas dos pregos nas suas mãos, não colocar o meu dedo onde estavam os pregos e não puser a minha mão no seu lado, não crerei" (João 20.25).

Uma criança toca os apetrechos de um mágico para ver se são reais — ela não consegue confiar nos seus olhos. Uma miragem consegue enganar os olhos e o cérebro, mas não o toque da pele.

Recordo-me de um incidente em que minha filha Mary, aos 3 anos de idade, estava tentando superar o medo de trovoadas violentas. Ela sabia que estávamos seguros dentro da nossa casa e, contudo, quando os riscos dos raios começaram a chegar cada vez mais perto, ela correu para mim e apoiou sua pequena mão na minha.

— A gente não está com medo, né, papai? — disse ela com voz titubeante.

Naquele exato momento um trovão ribombou ali por perto, e todas as luzes se apagaram. Mary, ofegante, cheia de medo, gritou:

— Papai! A gente não está com medo, né? — Suas palavras eram corajosas, mas eu podia sentir seus verdadeiros pensamentos na sua mão tensa, tremendo de medo. Pele se comunica com pele.

Vamos observar as qualidades da pele que permitem uma rápida adaptação a mudanças. Mas essas qualidades são inúteis se os seus receptores estão entorpecidos. O próprio Deus escolheu estabelecer uma presença tangível no mundo onde ele, como os homens e as mulheres, sentiu — na pele — cansaço, dor e finalmente a morte. Não existe nenhum modelo melhor de amor tátil do que o seu Filho. E agora somos chamados a ser sua "pele" sensível no mundo.

16
Flexibilidade

Somente os reis, e ninguém mais, deveriam ter sarna,
pois a sensação de coçar é deliciosa.

Rei Jaime I

Como médico-residente em Londres, tive o privilégio de passar por um estágio sob a supervisão do dr. Gwynne Williams, um cirurgião que invariavelmente enfatizava o lado humano da medicina. Ele percorria os corredores mal aquecidos das alas do hospital feito um Napoleão, com a mão direita enfiada no avental, onde, sem que seus pacientes soubessem, estava escondida uma bolsa de água quente.

— Vocês não podem confiar no que os pacientes lhes dizem sobre os intestinos — dizia o dr. Williams aos seus estagiários. — Deixem que os intestinos deles falem com vocês.

A bolsa de água quente aguçava os sentidos da sua mão. Ele nos ensinava a ficar de joelhos junto ao leito do enfermo e a deslizar delicadamente a mão quente por baixo das cobertas repousando-a sobre a sua barriga.

— Se vocês ficarem de pé — explicava ele —, a tendência será sentir apenas com as pontas dos dedos voltados para baixo. De joelhos, a sua mão inteira descansa sobre o abdômen. É melhor não movê-la imediatamente. Deixem a mão simplesmente descansando ali.

Nós aprendemos a sentir uma contração instantânea dos músculos abdominais do paciente — um reflexo protetor. Se a mão estivesse fria, aqueles músculos certamente continuariam tensos; ao contrário, se estivesse quente e reconfortante, a mão poderia persuadir os músculos a relaxar. Gentilmente acariciávamos o abdômen, conquistando a confiança tátil. Assim que os músculos estavam relaxados, podíamos sentir o movimento dos órgãos, respondendo ao simples ato de respirar.

O dr. Williams estava certo: Não é preciso fazer perguntas. Uma mão bem-treinada explorando suavemente o abdômen pode detectar tensões, inflamações e a configuração de tumores que procedimentos mais complicados apenas confirmam. O toque é meu mais precioso instrumento de diagnóstico.

Nós dissemos que o tato é um sentido "básico", mas essa palavra pode enganar o leitor. Na verdade, o tato é um dos sentidos mais complexos.

Cada centímetro quadrado do corpo tem reações diferentes ao tato. Cientistas como Maximilian von Frey mapearam os nervos tão detalhadamente como Rand McNally mapeou o mundo. Von Frey mediu o limiar do tato, o peso em gramas necessário para que alguém sinta que um objeto entrou em contato com a pele. As solas dos pés, que se tornam mais grossas devido ao regime diário de maus-tratos, nada acusam até que se aplique nelas um peso de 250 miligramas por milímetro quadrado. O dorso do antebraço é alertado por 33 miligramas de pressão; o da mão, por 12 miligramas. As áreas realmente sensíveis são as pontas dos dedos (3 miligramas) e a ponta da língua (2 miligramas).[1]

Todos os nervos parecem preguiçosos se comparados aos nervos da córnea, que é transparente, desprovida de sangue e, portanto, incrivelmente vulnerável. A córnea reage a meros dois décimos de miligrama de pressão. Um cílio perdido pode obrigar um arremessador de beisebol a interromper a partida — ele não consegue concentrar-se em mais nada. Pelo contrário, um cílio sobre um antebraço passaria despercebido. De modo semelhante, um mosquito inteligente pousa no antebraço, não na sensível mão, para não ser detectado. Só mesmo um inseto temerário tentaria uma aterrissagem secreta na maciez dos lábios.

---

[1] CHRISTMAN, R. J. **Sensory Experience**. Scranton: Intext Educational Publishers, 1971. p. 359.

A distribuição do tato não foi feita em uma mesa de jogo. ("Deus não joga dados", disse Einstein): a sensibilidade de cada centímetro quadrado está programada para adequar-se àquela parte do corpo. As pontas dos dedos, a língua e os lábios são as porções do corpo usadas nas atividades que mais exigem sensibilidade.

Os cientistas fazem mapeamentos baseados em reações "normais" a estímulos. Na realidade, o tato muda constantemente de acordo com o ambiente. A pele, por exemplo, responde adaptando-se. Um peso de 100 miligramas é colocado sobre o meu antebraço. De olhos vendados, eu percebo que algo está me tocando. A sensação perdura por quatro segundos, depois desaparece. Meu sistema nervoso se adaptou, e eu já não noto o peso. O corpo elimina os avisos provenientes dos terminais nervosos do antebraço, concluindo que não há nenhum perigo evidente e nenhuma necessidade de sobrecarregar os circuitos com informações inúteis sobre aquele peso no meu antebraço. Sem querer, eu perco a consciência do peso — isto é, até ele ser removido, momento em que o cérebro claramente acusará uma mudança no antebraço. Se não existisse essa extraordinária chave para filtrar minhas sensações, eu não poderia usar lã ou qualquer outro tecido rústico — o corpo não pararia de me advertir daquela áspera presença, e eu mal poderia concentrar-se em alguma outra coisa.

Experimento a adaptação sempre que entro em uma banheira quente. Deixo a água tão quente que quase não a suporto e vou mergulhando aos poucos, reagindo inicialmente como se estivesse acomodando meu corpo sobre agulhas penetrantes. Em dez segundos meu corpo se adapta, e a mesma água de fato parece trazer alívio e conforto. Posso continuar aumentado a temperatura da água, e o meu corpo continuará adaptando-se — até um ponto máximo de $46,1$ C, temperatura acima da qual sentirei uma dor constante, sinalizadora de minha não adaptação.

O que favorece esse complexo sistema de percepção? É o cérebro faminto de sensações, desejando do mundo exterior um relatório potencialmente capaz de sobrecarregar o circuito? Os sentidos do corpo acumulam informações por mera curiosidade? Não, o propósito de tudo isso é preparar o corpo para responder com sabedoria.

Os elaborados mecanismos que produzem o tato, por exemplo, preparam a pele para adaptar-se às mudanças de superfície. Os bioengenheiros empregam a palavra flexibilidade para denotar essa resposta. Flexibilidade é a capacidade da pele de fluir ao redor de qualquer superfície contatada, uma qualidade comparativamente superior à de qualquer outro material. A flexibilidade dá ao corpo a liberdade de mover-se em qualquer ambiente, de expor-se a condições mutáveis e ainda assim manter intacta uma superfície protetora. Roupas e sapatos de couro são altamente valorizados (e cotados) porque, assim como as peles de animais, têm flexibilidade e elasticidade, além da capacidade de "respirar". A empresa DuPont gastou milhões de dólares para desenvolver o Corfam como um possível sucedâneo do couro, mas acabou cancelando o projeto e admitindo o fracasso. Suas invenções não apresentam nem mesmo a flexibilidade da pele morta (couro).

Nos últimos anos, ao tentar desenhar calçados e ferramentas para os pés e mãos de pacientes leprosos desprovidos da sensibilidade básica do tato, passei centenas de horas pesquisando a anatomia da pele viva. Por baixo da pele das mãos, há glóbulos de gordura com aparência e consistência de uma tapioca molhada. Os glóbulos de gordura, que de tão finos são quase fluidos, não conseguem manter a própria configuração, e por isso são cercados de fibrilas entrelaçadas de colágeno, como balões presos a uma rede de cordas. O colágeno ocorre em maior quantidade onde ele se faz mais necessário — naquelas partes que precisam de estrutura e apoio. As bochechas e as nádegas têm mais gordura e menos colágeno, como infelizmente sabem todos os que lutaram contra uma papada ou contra a ação natural dos anos. Mas, em áreas pressionadas, como nas palmas da mão, a gordura se mostra compactada e envolvida por um tecido fibroso, formando um desenho que parece uma fina renda portuguesa.

Seguro um martelo com a palma da mão. Cada grupo de células de gordura muda a sua configuração em resposta à pressão. O grupo cede, mas não pode ser afastado devido às firmes fibras de colágeno ao seu redor. O tecido resultante, constantemente movediço e palpitante, torna-se flexível, adaptando sua forma e seus pontos de pressão à forma exata do cabo do martelo. Os engenheiros quase arrancam os cabelos quando analisam essa assombrosa propriedade, pois eles não conseguem criar um material que equilibre tão perfeitamente elasticidade e viscosidade.

Se o tecido da minha pele fosse mais duro, eu poderia insensivelmente esmagar uma taça de cristal fino ao segurá-la na mão. Se fosse mais macio, eu não seria capaz de segurar um objeto com firmeza. Quando a minha mão envolve um objeto — um tomate[2] maduro, um esqui, um gatinho, outra mão —, a gordura e o colágeno se redistribuem e tomam uma forma que se amolda à forma do objeto segurado. Essa reação aumenta a área de contato, impedindo que haja pontos localizados de pressão muito forte, o que limita a tensão ao mesmo tempo que proporciona apoio firme.

Pegue uma mão de uma ruidosa ossada — como um daqueles esqueletos expostos em uma sala de aula de biologia — e com ela simule o movimento de segurar um martelo. Contra essa superfície rígida, o cabo do martelo entra em contato com apenas quatro pontos de pressão. Sem a minha pele flexível e seus tecidos de sustentação, esses quatro pontos logo se inflamariam e formariam úlceras após algumas marteladas. No entanto, devido à flexibilidade, toda a minha mão revestida de pele absorve o impacto.

Flexibilidade, um conceito com significado especial para os meus colegas engenheiros, é uma boa palavra para a biologia e um termo cheio de significado espiritual. Eu preciso da inflexibilidade do meu esqueleto para manter-me ereto e impor a minha vontade sobre o ambiente; mas, quando seguro algum objeto, é realmente vantajoso que meus ossos não entrem em contato direto com ele. Os tecidos flexíveis que cobrem os meus ossos tomam a forma — irregular ou lisa — do objeto. Não exijo que o objeto se adapte à forma da minha mão; minha mão é que se adapta, distribuindo a pressão.

A arte da vida cristã, creio eu, pode ser vislumbrada nesse conceito da flexibilidade. Nas atividades do dia-a-dia, à medida que a minha forma entra contato com outras formas estranhas, como a minha pele reage? Qual das personalidades se adapta? Será que eu, como o aperto da minha mão,

---

[2] Os tomates mostram as qualidades superiores da pele humana. Os tomates comerciais são produzidos com pele tão espessa que as insensíveis colheitadeiras mecânicas, destituídas de superfícies flexíveis, não os destroem. Eu me delicio com os meus tomates amadurecidos no pé, com pele mais fina e sabor superior, os quais posso colher exatamente quando estão mais suculentos, graças à extrema flexibilidade da minha pele.

torno-me quadrado para os objetos quadrados e redondo para os redondos? O apóstolo Paulo conclui essa analogia para nós em 1Coríntios 9.19-22:

> Porque, embora seja livre de todos, fiz-me escravo de todos, para ganhar o maior número possível de pessoas. Tornei-me judeu para os judeus, a fim de ganhar os judeus. Para os que estão debaixo da Lei, tornei-me como se estivesse sujeito à Lei (embora eu mesmo não esteja debaixo da Lei), a fim de ganhar os que estão debaixo da Lei. Para os que estão sem lei, tornei-me como sem lei (embora não esteja livre da lei de Deus, e sim sob a lei de Cristo), a fim de ganhar os que não têm a Lei. Para com os fracos tornei-me fraco, para ganhar os fracos. Tornei-me tudo para com todos, para de alguma forma salvar alguns.

17
Comunicação

No meio de uma sangrenta perseguição sob o ditadura de Idi Amin em Uganda, uma sociedade missionária da Inglaterra escreveu uma carta a um bispo da região. "Que podemos enviar para o seu povo?" Veio a resposta: "Nem comida nem remédios; 250 colarinhos clericais". A explicação era a seguinte: "É o preconceito ocidental que imagina que este seja um pedido esquisito. Vocês precisam entender que, quando nosso povo é encurralado para ser abatido à bala, todos têm de saber identificar seus sacerdotes."

PAUL SEABURY

O dr. Harry F. Harlow gostava de ficar diante das gaiolas dos animais do seu laboratório na Universidade de Wisconsin observando os filhotes de macaco. Intrigado, notou que eles pareciam emocionalmente apegados a almofadas de pano que havia em suas gaiolas. Acariciavam os trapos, aninhavam-se junto a eles e os tratavam praticamente como as crianças tratam seus bichinhos de pelúcia. De fato, macacos criados em gaiolas com panos espalhados pelo chão cresciam mais fortes e sadios do que outros macacos de gaiolas com piso de tela de arame. A maciez e a palpabilidade dos tecidos seriam fatores importantes?

Harlow construiu uma engenhosa mãe postiça, feita de veludo e com uma lâmpada atrás para irradiar calor. A mãe de pano apresentava um bico de borracha ligado a um suprimento de leite que os filhotes podiam sugar.

A mãe foi adotada com grande entusiasmo. Por que não? Ela estava sempre confortavelmente disponível e, ao contrário das mães verdadeiras, nunca os maltratava, castigava ou afastava.

Depois de provar que bebês poderiam ser "criados" por mães postiças inanimadas, Harlow procurou medir a importância das características táteis, palpáveis, da mãe. Colocou oito macaquinhos em uma grande gaiola onde havia uma mãe de veludo e outra inteiramente feita de tela de arame. Os assistentes de Harlow, controlando o suprimento de leite para cada mãe, ensinaram quatro filhotes a mamar na mãe de pano e quatro na mãe de arame. Cada macaquinho só recebia leite da mãe que lhe fora designada.

Uma tendência surpreendente apareceu quase de imediato. Todos os oito filhotes passavam praticamente todo o tempo em que estavam acordados (entre 16 e 18 horas por dia) aninhados perto da mãe de pano. Ficavam abraçados a ela, acariciavam-na e subiam-lhe nas costas. Os filhotes da mãe de arame só a procuravam para alimentar-se, depois voltavam rápido para o conforto e a proteção da mãe de pano. Quando assustados, os oito macaquinhos procuravam alívio subindo em cima da mãe de veludo.

Harlow concluiu:

> Não nos surpreendeu a descoberta de que o aconchego do contato era uma variante amorosa e afetiva de importância fundamental, mas não esperávamos que ela ofuscasse de modo tão absoluto a variável da amamentação. De fato, a disparidade é tão grande a ponto de sugerir que a função primária da amamentação é a de garantir um contato corporal íntimo e frequente do bebê com a mãe. Não há dúvidas de que o homem não pode viver só à base de leite.[1]

Em outros experimentos, alguns macaquinhos foram criados em gaiolas onde havia apenas uma mãe de arame. Eles também apenas a procuravam para alimentar-se, e muitos dos filhotes não sobreviveram. Os sobreviventes reagiram ao estresse encolhendo-se num canto, gritando ou escondendo a cara com os braços.

---

[1] MONTAGU, Ashley. **Touching**. New York: Columbia University Press, 1971. p. 30 [**Tocar:** o significado humano da pele, 8. ed., Summus, 1988].

O antropólogo Ashley Montagu relata esses e outros experimentos semelhantes em sua elegante e seminal obra intitulada *Touching* (Toque). Ele descobriu que a intimidade do contato físico com a mãe é essencial para o desenvolvimento normal dos filhotes de animais. Com exceção do homem, todos os mamíferos passam grande parte do seu tempo lambendo os filhotes. Os animais muitas vezes morrem se não forem lambidos após o parto; e uma das consequências é que eles não aprenderão a eliminar os excrementos. Montagu conclui que as lambidas não visam à limpeza, mas sim à estimulação tátil essencial.

Como bem sabem os que possuem bichos de estimação, os animais não se livram da necessidade de ser tocados. Um gato arqueia o dorso e esfrega-o suavemente contra a perna do seu dono. Um cachorro se contorce deitado no carpete, implorando que lhe cocem a barriga. Um macaco faz cafuné nos colegas da sua tribo.

Montagu chega a sugerir que o feto humano precisa da intensa estimulação tátil do parto. Apenas a espécie humana passa por um processo tão longo e tão árduo ao nascer. Montagu acredita que as aproximadamente 14 horas de contrações uterinas, que já foram exaustivamente descritas do ponto de vista materno, mas nunca da perspectiva do feto, podem representar importantes estímulos para completar a maturação de certas funções corporais. Será que isso explicaria, ele se pergunta, por que bebês nascidos de cesarianas apresentam uma taxa mais alta de mortalidade e maior incidência da doença da membrana hialina?[2]

Embora o papel da estimulação tátil durante o parto ainda seja especulativo, a necessidade do toque após o parto já foi demonstrada de forma dramática e trágica. Até 1920, a taxa de mortalidade entre recém-nascidos abandonados em alguns hospitais dos Estados Unidos aproximava-se dos 100%. Então o dr. Fritz Talbot, de Boston, trouxe da Alemanha o conceito aparentemente anticientífico da "atenção carinhosa". Enquanto visitava a Clínica Infantil de Dusseldorf, ele notara uma senhora idosa que vagava pelo hospital, sempre embalando uma criança doente que trazia a tiracolo.

---

[2] Ibid., p. 82.

— Aquela — disse o guia — é a Velha Ana. Depois de fazer todo o possível pelo bebê e ele ainda assim não melhorar, nós o entregamos à Velha Ana, e ela o cura.

Quando Talbot apresentou a estranha proposta à instituição americana, os administradores riram-se da ideia de que algo tão arcaico como o simples toque podia melhorar sua assistência médica. As estatísticas logo os convenceram. No Hospital Bellevue de Nova York, depois de aprovada a regra de que todos os bebês deviam ser segurados e carregados nos braços, recebendo carinho "materno" várias vezes ao dia, a taxa de mortalidade infantil caiu de 35% para menos de 10%.

Apesar dessas descobertas, até mesmo nos dias de hoje o toque é visto como uma parte inevitável das tarefas mais importantes da alimentação e higiene do bebê, sendo raras vezes considerado algo essencialmente necessário em si mesmo, sem o qual o bebê talvez nunca amadureça. Os judeus são altamente táteis, assim como os latinos. Mas os povos anglo-saxões e os germânicos aparecem muito abaixo na escala. Em geral, porém, quanto mais alta a camada social, tanto menor será o contato físico entre os pais e seus bebês. Talvez a sociedade americana tenha chegado ao ponto extremo no qual as mães carregam seus bebês à distância de um braço em cestos sintéticos e os pais passam na média 30 segundos por dia tendo contato direto com seus filhos.

Entre algumas crianças com distúrbios graves, tais como o autismo, o contato físico persistente e eficaz pode representar a única esperança de cura. Uma criança autista precisa de toques e massagens constantes para provocar a libertação de seu autoisolamento.

Montagu conclui com grande convicção que a pele ocupa um lugar muito elevado na classificação dos órgãos dos sentidos, acima até dos olhos e dos ouvidos. A pele não só transmite informações acerca do mundo, mas também capta emoções básicas. Sou amado e aceito? O mundo é seguro ou hostil? A pele absorve por osmose esse conceitos e a perspectiva de mundo que eles proporcionam.

Palavras relacionadas ao tato entranharam-se em nosso vocabulário indicando como nos relacionamos com os outros. Se alguém é ridicularizado, alguém está caindo na sua pele; alguém suscetível e instável tem os nervos à flor da pele. Gente insensível tem casca grossa; se alguém está sendo impiedosamente explorado, dizemos que lhe estão arrancando a pele; sentimos na pele o que nos irrita ou fascina. Em nossos relacionamentos mostramos muito ou nenhum tato.

O momento íntimo do ato sexual constitui nossa experiência cutânea mais intensa. Tocamo-nos com tal ardor que, por um instante, dois organismos tornam-se um só. Na cultura ocidental, tão voltada para o visual, alguns expressam sua necessidade de sexo (tantas vezes erroneamente igualado ao amor) expondo áreas de pele mais extensas, como se a pessoa exibicionista estivesse em sua ousadia implorando para ser tocada.

À medida que envelhecemos, a pele nos oferece o meio mais natural para comunicar emoções básicas, tais como o amor. Ela é o nosso principal órgão de contato com os outros. As células da pele representam o atalho direto para um profundo repositório de emoções que metaforicamente denominamos "o coração humano".

O toque inclui riscos. Ele pode evocar a resistência fria como a couraça de um cônjuge que se recusa a receber conforto, ou o solitário meneio de ombros de uma criança que repete insistentemente: "Deixe-me em paz!". Mas também pode transmitir a eletrizante emoção de fazer amor, a simbiose do tocar e ser tocado simultaneamente. Um beijo, um tapa na cara — ambos são formas de toques e ambos são formas de comunicação.

Também a pele do Corpo de Cristo é um órgão de comunicação: nosso veículo para expressar amor.

Recuo na história e penso em como Jesus agia no tempo em que habitava um corpo neste mundo. Ele estendia a mão e tocava os olhos dos cegos, a pele dos leprosos e as pernas dos coxos. Quando uma mulher o tocou no meio de uma multidão a fim de ter acesso à energia benéfica que esperava encontrar nele, Jesus sentiu o fluir dessa energia, calou a ruidosa multidão e perguntou: "Quem me tocou?". O contato físico com ele transmitia poder.

Tenho às vezes me perguntado por que Jesus tocava com tanta frequência as pessoas que curava, muitas das quais deviam ser pouco atraentes, afetadas como estavam por suas moléstias, sem condições higiênicas e exalando mau cheiro. Com seu poder, ele facilmente poderia ter brandido uma varinha de condão. De fato, uma varinha teria alcançado mais gente do que um toque manual. Ele poderia ter dividido a multidão em grupos afins e organizado seus milagres — paralíticos aqui, gente com febre deste lado, leprosos do lado de lá —, levantando as mãos para curar cada grupo de modo eficiente, em massa. Mas ele preferiu não agir assim. A missão de Jesus não era primeiramente uma cruzada contra as doenças (se fosse, por que teria deixado tanta gente sem cura e pedido aos seus seguidores para não revelar detalhes das curas operadas?); antes, era um ministério voltado para indivíduos, alguns deles acidentalmente doentes. Ele queria que essas pessoas, uma por uma, sentissem seu amor e calor e sua total identificação com elas. Jesus sabia que não podia demonstrar facilmente seu amor a uma multidão, pois o amor normalmente implica tocar.

No capítulo 7, mencionei a necessidade que temos, como Corpo de Cristo, de destinar recursos para socorrer todo o Corpo distribuindo alimentos e remédios pelo mundo inteiro. Tendo estado na linha de frente desse tipo de atividade no exterior, acredito firmemente que essa espécie de amor se expressa melhor de pessoa para pessoa, por meio do toque. Quanto mais nos distanciamos do contato pessoal com os necessitados, mais nos afastamos do ministério que Jesus nos deixou como exemplo.

Na Índia, quando eu tratava uma doença grave e receitava alguma droga, às vezes os parentes do paciente iam comprar o remédio, depois o traziam e me pediam para ministrá-lo ao doente "com minhas boas mãos". Eles acreditavam que o remédio podia ser mais eficaz se fosse ministrado diretamente pelas mãos do médico.

Moro nas dependências do único leprosário existente no território continental dos Estados Unidos. Carville tem uma história marcante. Este hospital começou depois da Guerra Civil, quando uma congregação de freiras católicas, as Filhas da Caridade, manifestou a vocação específica de servir a pacientes leprosos. Desde que ninguém queria morar perto de um leprosário, adquiriu-se um terreno alagado e distante de tudo, às margens do rio Mississippi, com a desculpa de estabelecer ali uma fazenda para criar avestruzes. Os primeiros pacientes eram trazidos secretamente na calada da noite em barcaças carvoeiras, enegrecidos e escondidos debaixo de lonas.

Mas logo a notícia do leprosário vazou, e de imediato os empregados da construção abandonaram o trabalho. Falsos conceitos sobre a moléstia causavam tanto medo que ninguém queria correr o risco de expor-se a ela. Mas vocação é vocação, decidiram as freiras. Sob as ordens de uma madre superiora forte e corajosa, elas mesmas pegaram em enxadas e pás e abriram canais para drenar o terreno. Sem nenhuma experiência em construção, equipes de freiras usando sufocantes hábitos engomados escavaram fundações e erigiram prédios. Apenas elas, e ninguém mais, preocupavam-se a ponto de tocar e tratar os desfigurados pacientes que lhes eram trazidos na escuridão da noite.

Hoje, quase um século depois, eu cuido de pacientes leprosos naquele mesmo hospital. Para muitos, seja o que for que toquem — móveis, tecidos, capim, asfalto — qualquer coisa provoca a mesma impressão. Quando eles põem a mão sobre uma chapa quente, que para eles é o mesmo que uma fria, eu tenho de tratar suas mãos prejudicadas.

Detesto a lepra. As vítimas que não recebem tratamento sentem a doença alastrar-se pelas mãos e pelos pés e provam depois o pior efeito de todos: elas perdem a capacidade de sentir o contato humano. Muitos pacientes não conseguem sequer perceber quando outra pessoa lhes segura a mão ou lhes faz uma carícia. Devido à ignorância e à superstição, essa doença destrói o contato social entre as vítimas e seus amigos, empregadores e vizinhos. A lepra é um mal terrivelmente solitário.

Como acontece em Carville, muitos dos grandes avanços na pesquisa da lepra aconteceram graças à ação cristã, especialmente por parte da Missão da Lepra e de sua correspondente, a Missão da Lepra Americana. Algumas vezes me perguntei por que a lepra merece ter uma missão específica. Não conheço nenhuma "Missão da Malária" ou alguma "Missão da Cólera". Acho que a razão é a fome extrema dos pacientes leprosos pelo toque humano. É uma necessidade única e terrível, e a sensibilidade do amor cristão é o que há de melhor para satisfazê-la.

As equipes médicas em lugares como Vellore, na Índia, podem fazer muito pelos leprosos. Tratam de suas chagas abertas e reconstroem pacientemente mãos e pés com transplantes de tendões e cirurgias plásticas. Transplantam novas sobrancelhas para substituir as que faltam, refazem pálpebras sem função e às vezes até recuperam a visão. Ensinam aos pacientes ocupações construtivas e lhes dão nova vida.

Mas, dentre todos os presentes que podemos dar a um paciente leproso, o que ele mais valoriza é o de ser tocado e tratado. Nós não nos esquivamos dele. Nós o amamos com a nossa pele, com o toque.

18
Amor em ação

O cristianismo não é uma visão estatística da vida.

MALCOLM MUGGERIDGE

Uma mulher simples chamada Madre Teresa, falecida em 1997, foi contemplada com o Prêmio Nobel da Paz por seu trabalho entre os membros da casta mais baixa da Índia. Ela não seria capaz de salvar o país inteiro, por isso procurava os menos passíveis de redenção, os que estavam morrendo. Quando os encontrava, nas sarjetas e lixeiras dos becos de Calcutá, levava-os para o seu hospital e cercava-os de amor. Mulheres sorridentes cuidavam de suas chagas, removiam camadas de sujeira e agasalhavam-nos em lençóis macios. Os mendigos, muitas vezes fracos demais para falar, ficavam de olhos esbugalhados diante daquele amor, aparentemente com endereço errado, que lhes era oferecido tão tarde na vida. Será que tinham morrido e estavam no céu? Por que aquela repentina enxurrada de cuidados — por que o caldo quente gentilmente servido na boca de cada um deles?

Um repórter de Nova York — adequadamente vestindo terno e gravata e recebendo dicas de um ponto eletrônico instalado em seu ouvido — certa vez entrevistou Madre Teresa seguindo uma linha de questionamento semelhante. Ele parecia satisfeito com seu ácido interrogatório. Por que razão ela se limitava a gastar seus parcos recursos com gente que não tinha esperança? Por que não cuidar de pessoas dignas de reabilitação? Que tipo de êxito seu hospital poderia exibir quando a maioria de seus pacientes morria num prazo de dias ou semanas? Madre Teresa fixou-o em silêncio, absorvendo as perguntas e tentando penetrar-lhe a fachada para discernir que tipo de homem as formularia. Ela não tinha respostas que fizessem sentido para ele, por isso disse baixinho:

— Essas pessoas foram tratadas a vida inteira como animais. Seu mal maior é a sensação de que são indesejados. Será que elas não têm o direito de morrer como anjos?

Malcolm Muggeridge, que escreveu um livro sobre Madre Teresa, também se debateu com esses questionamentos. Ele observou a sujeira e a pobreza de Calcutá e voltou para a Inglaterra a fim de escrever sobre isso com ardor e indignação. Mas, comenta ele, a diferença entre a sua abordagem e a de Madre Teresa é que ele voltou para a Inglaterra... ao passo que ela ficou em Calcutá. Do ponto de vista estatístico, admite, ela não realiza grande coisa ao resgatar alguns seres humanos perdidos do esgoto da miséria humana. Depois conclui com a seguinte afirmação: "Mas é preciso lembrar que o cristianismo não é uma visão estatística da vida".

De fato, não é. Não é quando o pastor simplesmente fecha a porteira e prende 99 ovelhas antes de sair correndo, agoniado e esbaforido, para procurar a única que se perdeu. Não é quando um trabalhador contratado por apenas uma hora recebe o mesmo pagamento dado a quem trabalhou o dia inteiro (Mateus 20.1-16). Não é quando um pecador perverso decide arrepender-se e 99 cidadãos honestos são ignorados enquanto todo o céu explode em uma grande festa (Lucas 14.4-7).

O amor cristão, *ágape*, o amor que se doa, também não é estatístico. A percepção por meio da pele é mais básica, mais essencial do que a percepção por meio dos olhos ou dos ouvidos. Ela sente a necessidade e responde por instinto, pessoalmente.

Não acredito que a obra missionária se torne necessariamente mais eficaz à medida que passe a ser mais especializada e impessoal. Às vezes o progresso tecnológico é inevitável, como acontece em uma faculdade cristã de medicina, mas já vi bons centros médicos cristãos da Índia que foram perdendo sua missão original à medida que se institucionalizaram, com belas construções e grandes equipes de apoio. A "qualidade" do tratamento melhora, mas as despesas aumentam. Para tornar o trabalho mais autossustentável, eles se subdividem em atividades especializadas que atraem pacientes que podem pagar. Enquanto isso, os pobres e os não amados, que já não podem mais usar o hospital da missão, devem procurar ajuda nas clínicas do governo.

Estabelecendo um contraste com isso, observo o impacto exercido por meus pais. Embora eles tivessem ido à Índia para pregar o evangelho, graças à sua percepção tátil das necessidades dos outros, começaram a reagir em vários níveis. Dentro de um ano eles estavam envolvidos nos campos da medicina, agricultura, educação, evangelismo e tradução. A percepção das necessidades determinou a forma (flexibilidade) que seu amor assumiu.

Minha mãe e meu pai trabalharam sete anos antes que alguém se convertesse ao cristianismo e, de fato, a primeira conversão aconteceu como consequência direta de seu amor que curava. Os pobres aldeões muitas vezes abandonavam seus enfermos à porta de nossa casa, e meus pais cuidavam deles. Certa vez, um sacerdote hindu que estava morrendo de gripe enviou sua filha de nove anos, frágil e doente, para que fosse criada por meus pais. Nenhum dos religiosos hindus queria cuidar da criança enferma; eles a deixariam morrer. Mas meus pais a acolheram, cuidaram da saúde dela e adotaram-na como filha. Ganhei uma meia-irmã, Ruth, e meus pais ganharam uma inesperada resposta de confiança. Os aldeões comoveram-se tanto com o exemplo de amor cristão que alguns logo aceitaram pessoalmente o amor de Cristo.

Anos mais tarde, muito tempo depois da morte do meu pai, minha mãe, a Vó Brand, já com 85 anos, ajudou a realizar um avanço na medicina. Ela havia muitas vezes tratado enormes abscessos nas pernas dos moradores das montanhas, drenando o pus e extraindo um nematódeo longo e fino. Agoniada com a frequência desses abscessos, ela estudou o problema e descobriu que o ciclo de vida do verme incluía um estágio larvar vivido na água. Se ela conseguisse interromper o ciclo, poderia erradicar o verme. Conhecendo bem os hábitos das pessoas da região, ela rapidamente decidiu que o contato dos pés descalços com a água era provavelmente a causa do contágio. Valendo-se da confiança e do amor que construíra durante décadas de ministério pessoal, ela percorreu a cavalo aldeia por aldeia, incentivando as pessoas a construir muros de pedra em volta dos poços rasos e a evitar o contato dos pés com a água. Em poucos anos aquela anciã acabou conseguindo sozinha a erradicação de todos aqueles vermes e dos abscessos por eles causados, em duas cadeias de montanhas.

Minha mulher Margaret teve uma experiência semelhante envolvendo um mal terrível que afeta os olhos de crianças. Sempre que ela descobria um caso desses, eu percebia o desespero estampado no seu rosto aquela noite. Olhava para ela e, tomado de compaixão, murmurava uma só palavra: "Ceratomalacia?", e a resposta era um aceno afirmativo com a cabeça.

Essa doença resultava de deficiência de vitamina A e proteína em crianças de 1 a 2 anos de idade. O bebê era bem-alimentado durante a amamentação, mas logo vinha um novo irmão ou irmã que o afastava dos seios maternos. Uma dieta contínua à base de arroz não lhe fornecia as vitaminas necessárias, deixando o pequeno organismo particularmente suscetível à infecção. Por fim, um ataque de conjuntivite — normalmente uma das infecções mais fáceis de tratar num paciente bem-nutrido — começava a destruir as córneas da criança desnutrida. Olhando para dentro daqueles olhos, nós víamos uma massa de gelatina pastosa, como se um raio de calor tivesse derretido aquele órgão. O contato com uma dessas crianças, desviando os olhos assustada para evitar a luz, sempre arrasava Margaret, não importando quantas intervenções bem-sucedidas ela tivesse realizado naquele dia.

Aconteceu então que, estimulados pelo premente senso de necessidade de Margaret, alguns pesquisadores da escola de medicina descobriram que uma erva comum daquela região continha alta concentração de vitamina A. Também descobriram que o amendoim, um produto local cultivado para produzir óleo, possuía a proteína que faltava. Depois de esmagar o amendoim para extrair o óleo, os produtores usavam os resíduos para alimentar porcos.

Agora a tarefa era uma questão de educação. Margaret e o pessoal da saúde pública espalharam a notícia, e logo mães entusiasmadas estavam contando aos vizinhos que a erva e o amendoim podiam impedir a cegueira dos filhos. A notícia espalhou-se como fofoca pelas aldeias, e logo as crianças estavam livres da temida ceratomalacia.

Esses exemplos são extraordinários, naturalmente. Grande parte do trabalho missionário consiste em atividades exaustivas, com resultados bem menos dramáticos. Mas os dois exemplos mostram possíveis resultados do amor cristão tátil. Bancos de dados do governo, hospitais avançados e peritos da agricultura tinham conhecimento suficiente para atacar a ceratomalacia e o verme nematódeo, mas eles não haviam conquistado a confiança dos habitantes locais. O impulso para o avanço médico veio, em vez disso, de trabalhadores que estavam "em contato com" o povo sofredor e haviam ganhado confiança e respeito suficientes para tornar o remédio eficaz.

Diz um antigo provérbio chinês: "Ninguém repara o insulto de um presente a não ser o amor da pessoa que o dá". Se eu me aproximar de um homem que parece pobre e puser na sua mão uma nota de dez dólares e depois seguir em frente, estou de fato insultando essa pessoa. Meu gesto diz: "Você não sabe cuidar de si mesmo... aqui está um presente para você". Mas se eu me envolver em sua vida, reconhecer a sua necessidade e permanecer ao seu lado, compartilhando com ele os recursos que tenho, ele não ficará ofendido.

Eu me pergunto qual teria sido a eficiência da Vó Brand se ela tivesse jogado de um avião folhetos explicando a necessidade de muros de pedra em volta dos poços.

Todas as semanas a minha caixa de correio fica entupida de pedidos de ajuda enviados por organizações cristãs envolvidas em atividades que visam alimentar os que têm fome, vestir os nus, visitar os prisioneiros, curar os doentes. Eles me descrevem a horrível condição de um mundo cruel e pedem meu dinheiro para ajudar a aliviar a dor. Muitas vezes eu faço doações, porque vivi e trabalhei entre os que sofrem neste mundo e porque sei que essas organizações são conscienciosas e espalham amor e compaixão no exterior. Contudo, entristece-me o fato de que o único fio ligando milhões de generosos doadores cristãos àquele mundo é o meio remoto e frágil da mala direta. Tinta impressa em papel, histórias editadas seguindo uma fórmula para conseguir os melhores resultados... não há pele envolvida, nenhum sentido de tato.

Se eu apenas expressar amor indiretamente por meio de um cheque, perderei a incrível riqueza da resposta que o amor tátil sabe evocar. Nem todos podemos oferecer nossos serviços no Terceiro Mundo, onde as necessidades humanas são muitas. Mas todos podemos visitar presos, levar refeições a reclusos e prestar assistência a mães solteiras ou adotar crianças. Se escolhermos amar apenas à longa distância, *nós* sairemos perdendo, pois a pele exige um contato regular se quiser manter-se sensível e capaz de reagir.

Mais uma vez, a melhor ilustração desta verdade é Jesus Cristo, a encarnação do Deus vivo neste mundo. O livro de Hebreus resume a experiência dele sobre a terra declarando que agora temos um líder que pode ser *tocado* com os sentimentos de nossas fraquezas (Hebreus 4.15). O próprio Deus viu a necessidade de colocar-se ao nosso lado, não apenas nos amar à distância. Como ele poderia manifestar plenamente o seu amor a não ser por meio da carne humana? Diz-se que Jesus "aprendeu a obedecer por meio daquilo que sofreu" (Hebreus 5.8). Assombroso conceito: o Filho de Deus aprendendo por meio de suas experiências na terra. Antes de assumir um corpo, Deus não tinha nenhuma experiência pessoal da dor física ou do efeito de esbarrar em pessoas necessitadas. Mas Deus morou entre nós e nos tocou, e o tempo que ele passou aqui permite a ele identificar-se mais completamente com a nossa dor.

O ideal, portanto, é dar amor a alguém que você pode tocar — um vizinho, um parente, uma pessoa necessitada da sua comunidade. Eu pude fazer isso na Índia. Atualmente, procuro pessoas em Carville para amar através do tato. É claro que ainda me preocupo muito com as necessidades dos indianos e procuro outras pessoas que possam ajudá-los através do tato. Apoio essas pessoas e suas organizações com as minhas doações e preces.

O tato pode ser obtido de forma indireta, tanto no corpo físico quanto na igreja. Os corpúsculos do tato estão localizados no fundo da pele, e as atividades na superfície podem realmente reverberar por meio de outras células, transmitindo a sensação do toque. Eu faço doações para a Índia por meio da minha filha em Bombaim, por meio do meu amigo, o dr. Fritchie, no hospital leprosário de Karijiri e por meio de outras pessoas igualmente dedicadas. Eles aplicam o meu amor pessoalmente, e eu espero deles um relato sensível sobre o resultado daquele amor. É minha responsabilidade participar do trabalho deles informando-me a seu respeito, lendo seus relatórios e orando por eles. Ao orar por aquelas células da linha de frente, eu sinto a sua dor e luta. Todos podemos manter contato com membros do Corpo no exterior e usá-los como nossos próprios corpúsculos de tato pessoal.

———————

As necessidades do mundo crescem como lava derretida num vulcão que já devia ter explodido. Todos os dias observamos uma ladainha de reportagens sobre fomes, guerras e epidemias, muitas vezes justamente na hora em que sofregamente ingerimos nosso abundante prato de comida. Indiferentes, passamos rápido por apelos publicitários que mostram criancinhas com estômagos inchados pela desnutrição. As necessidades são tão esmagadoras que, em vez de nos chocarem e provocarem uma ação de nossa parte, elas nos deixam insensivelmente calejados.

De alguma forma estamos adquirindo um fardo insuportável de culpa que poderia imobilizar-nos. Mais uma vez, volto o meu pensamento para o ministério de Jesus. Ele curava as pessoas, mas em uma área delimitada. Durante a sua vida ele não afetou os celtas, ou os chineses, ou os astecas. Em vez disso, pôs em movimento uma missão cristã que se espalharia pelo mundo inteiro, respondendo às necessidades humanas em toda a parte. Precisamos começar com os nossos recursos, a nossa vizinhança, o nosso local de trabalho. Embora não possamos mudar o mundo inteiro individualmente, juntos podemos cumprir a ordem de Deus de encher a terra com sua presença e seu amor. Quando estendemos a mão para ajudar, é a mão do Corpo de Cristo que nós estendemos.

19
Confrontação

Ninguém tem amor maior do que aquele que dá a sua vida por seus amigos.

JESUS

Eu seria negligente se desse a impressão de que as únicas funções cutâneas são prover informações sobre o ambiente e permitir que nos relacionemos com ele por meio do tato e da aparência. A natureza nunca desperdiça recursos. A principal função da pele é ser uma barreira, uma linha de defesa que impede a saída do que está dentro e a entrada do que está fora. Sem ela algumas das partes do corpo se derramariam pelo chão como gelatina e nós perderíamos nossa definição como um organismo.

Se eu tivesse de escolher a função mais crucial da pele, poderia optar por sua impermeabilidade à água. Sessenta por cento do corpo consistem em fluidos, e eles evaporariam se não fosse o ambiente protegido e úmido proporcionado pela pele. Ou, se não fosse a pele, um banho quente seria mortal, inchando o corpo com líquido, diluindo o sangue e inundando os pulmões. A barreira impermeável de células sobrepostas evita esses desastres.

A civilização moderna sobrecarrega a capacidade da pele. Nós a esfregamos com sabonetes e detergentes (que, ironicamente, podem alterar a base ácida cutânea e promover o crescimento de bactérias). Num sábado qualquer, podemos submeter a pele ao abuso de nadar em uma piscina cheia de cloro, derramar querosene nas mãos ao acender o fogo para o churrasco, limpar manchas de tinta com aguarrás e remover tudo com algum pó abrasivo esfregando as mãos em uma áspera estopa. No entanto, mesmo assim, a pele sobrevive.

A pele também constitui uma vanguarda defensiva contra as hordas de bactérias e fungos que lhe castigam a superfície. As fantásticas fotografias microscópicas de Lennart Nilsson mostrando a superfície do corpo revelam minúsculos poros liberadores de suor e dutos de óleo como gigantescas cavernas cheias de reentrâncias que dão acesso às partes mais profundas da derme. Na borda dessas cavernas escondem-se reluzentes bactérias verdes e fungos que se expandem à vontade. Uma única bactéria, que vive mais ou menos uns 20 minutos, pode reproduzir-se em até um milhão no espaço de oito horas. Cada um de nós carrega na superfície do corpo tantas dessas criaturas quanto o número de habitantes do planeta Terra. A pele utiliza-se de uma quantidade enorme de elementos químicos, cargas eletronegativas e tropas de células defensoras para afastar os saqueadores.

Animais maiores também se infiltram nas fissuras. Até o século 20, mesmo em países desenvolvidos, ácaros, pulgas, percevejos e piolhos eram considerados normais na paisagem cutânea. O cilício de Tomás a Becket vivia forrado de serpeantes piolhos; Samuel Pepys precisou devolver uma peruca ao cabeleireiro porque ela estava cheia de lêndeas. Os nobres da França, sempre atentos ao comportamento apropriado, desaprovavam o costume de esmagar pulgas entre as unhas dos polegares publicamente, a não ser que se tratasse de um grupo de amigos íntimos.

Mesmo nos dias de hoje, uma criatura de oito pernas com apenas um terço de milímetro de comprimento, o *Demodex folliculorum*, percorre livremente seu caminho entre os folículos pilosos e passa a vida feliz em seu local preferido, os cílios. Esse ácaro, que tem forma de charuto e aparência inofensiva, encontra-se praticamente em todos os seres humanos examinados. Macho e fêmea de *Demodex* copulam felizes no túnel junto a um fio de cabelo, e até 25 dessas criaturas podem reunir-se em uma glândula de gordura oleosa e quente.

A pele também precisa rechaçar ataques de criaturas maiores, como os sifonóforos tropicais, os escorpiões, os carrapatos, certos tipos de besouro e os marimbondos. Alguns insetos, sedentos dos sucos humanos, percorrem partes apertadas do corpo onde a pressão comprime a pele junto a latentes vasos sanguíneos. Assim um micuim desloca-se pelo corpo a uma velocidade de dez centímetros por minuto até chegar à zona apertada por um elástico da roupa íntima. Até que enfim! Ali a epiderme é tênue e convidativa, e ele se empanturra de sangue.

Golpes contundentes como socos e lesões espalham seu impacto, atingindo milhares de células da pele que reagem como um trampolim absorvendo forças que poderia m danificar os órgãos ocultos de modo irreparável.

Lá fora é dureza, e a epiderme proporciona uma chuva contínua de células sacrificadas. Esta camada externa, calosa, está disposta em flocos como cereais ondulados, prontos para descascar e criar espaço para células novas e frescas que estão por baixo. Quem contabiliza esse tipo de fenômeno calcula que perdemos dez bilhões de células cutâneas por dia. Um simples aperto de mão ou um gesto de girar a maçaneta pode desencadear uma chuva de milhares de células. Dá até medo de calcular o efeito de uma partida de tênis.

As células mortas pairam na superfície de um braço que ficou coberto por um molde de gesso durante várias semanas. Mas para onde vão todas as outras? Bolsões de pele formam-se sob os lençóis e parte deles se perde no ar, mas grande parte continua morando conosco. Até 90% de todo o pó dentro de uma casa consistem em pele morta — raspas suaves do seu corpo, de sua família, de seus hóspedes, aguardando serem sufocadas num pano e sacudidas lá fora sem nenhuma gratidão pelo sacrifício representado. Células substitutas se formarão da meia-noite às quatro da manhã, enquanto o restante do corpo descansa.

Certa ocasião fui consultado por um jovem estudante entusiasmado que estava aprendendo a tocar violão. Com marcas de preocupação no rosto, ele me pediu para examinar as extremidades dos seus dedos; estavam vermelhas e inflamadas e às vezes sangravam quando ele tocava.

— Será que são fracas demais para um violonista? — ele perguntou, choroso.

Tive de rir ao ver como ele inspecionara as próprias células da pele. Mesmo sendo elas parte do seu corpo, trabalhando lealmente em seu benefício, ele as via como um gerente que avalia seus empregados, perguntando-se se elas estavam realmente contribuindo. Meu conselho foi que ele reduzisse o ritmo. A pele estava trabalhando furiosamente para acompanhar o ritmo intenso das novas pressões que removiam a camada de epiderme fina como papel, antes que novas células pudessem apresentar-se. Em breve a taxa de multiplicação de suas células se adaptaria e revestiria as extremidades dos dedos com poderosos calos.

De todos os órgãos, a pele me parece o mais sacrificado. Não surpreende que um quarto de todos os pacientes de um clínico geral apresente problemas cutâneos. A pele absorve maus-tratos incríveis para manter o equilíbrio de órgãos vitais internos, que não podem tolerar mudanças ambientais. Um aumento de temperatura de apenas 13 ou 14 graus seria fatal para o corpo inteiro. Por isso, a pele é convocada a atuar com um radiador, bombeando fluidos à superfície com vista a secar e resfriar o corpo. Um suprimento maior de sangue para a superfície cutânea dissipa o calor. Num dia de verão, até oito litros de suor podem ser utilizados para resfriar um corpo ativo.

Em certo sentido, como a comunidade inteira de seguidores representa o Corpo de Cristo para o mundo, todos os cristãos participam da função visual da pele. Às vezes também enfrentamos a fricção de ser a linha de frente do Corpo de Cristo para o mundo. Eu, porém, acredito que exatamente como o corpo precisa proteger das duras realidades do ambiente externo as células delicadas como as dos olhos e do fígado, da mesma forma a igreja inclui indivíduos que precisam ficar isolados e ter seus momentos de contemplação silenciosa. Outros precisam de proteção durante períodos particularmente vulneráveis da vida. Em prol desses casos, alguns membros do Corpo de Cristo ocupam o *front*, as posições mais vulneráveis, e aguentam o trauma pelo restante de nós.

A pele não é lugar para principiantes. É um órgão avançado, programado com a imunidade do corpo e o sistema de combate a doenças. Alergias, varíola e tuberculose são testadas à flor da pele, porque essa superfície é capaz de representar partes internas do corpo e protegê-las. Os cristãos, na sua ânsia de "fazer bonito" diante de um mundo que os observa, forçam recém-convertidos a tornar-se órgãos visíveis. Muitos não têm a sabedoria ou a maturidade suficiente para absorver os choques. Eu poderia facilmente recitar uma lista de heróis esportivos que começaram como destacados oradores no circuito do atletismo cristão e depois abandonaram tudo e hoje não têm o menor interesse em temas cristãos. Eles me trazem à mente as delicadas e inflamadas células do jovem violonista, ainda não ajustadas à tensão maior da fricção com as cordas de aço.

Recém-convertidos, particularmente sensíveis aos perigos do seu ambiente estranho, precisam de proteção para aprender como o corpo é e funciona. Se o apóstolo Paulo precisou de um longo período de reflexão, por que nós não deveríamos pedir o mesmo dos novos cristãos de hoje?

Nem todos somos chamados para o *front*. E os que se envolvem com serviços mais humildes dentro do Corpo enfrentam seus próprios perigos: sentem-se inferiores às partes mais visíveis. Será que o serviço de digitação ou de limpeza de um hospital contribui para o reino da mesma forma que as atividades dos líderes representantes da fé? A Bíblia muitas vezes enfoca as pessoas extraordinárias que são chamadas a liderar e a abrir novos espaços para a fé e a prática religiosa. Elas são para nós modelos importantes, não há dúvida. Mas não podemos todos ser apóstolos, e não há na Bíblia nenhuma sugestão de que o deveríamos ser. Na totalidade, a igreja é povoada por cidadãos extraordinários que são diferentes principalmente devido às suas responsabilidades pessoais.

Alguns são chamados para o *front*, como Madre Teresa de Calcutá, Corrie ten Boom e Billy Graham. Merecem o nosso apoio e oração, não a nossa inveja, pois a vida na superfície do Corpo nunca é fácil.

A história da igreja está cravejada de células que se dispuseram a viver no ponto de fricção; esses homens e mulheres não recuaram diante de escoriações, temperaturas abrasadoras ou tensões insuportáveis. Leio a lista de heróis em Hebreus 11 como a de um elenco de mártires que lutaram na linha de frente,

> os quais [...] fecharam a boca de leões, apagaram o poder do fogo e escaparam do fio da espada; da fraqueza tiraram força, tornaram-se poderosos na batalha e puseram em fuga exércitos estrangeiros. Houve mulheres que, pela ressurreição, tiveram de volta os seus mortos. Uns foram torturados e recusaram ser libertados, para poderem alcançar uma ressurreição superior; outros enfrentaram zombaria e açoites; outros ainda foram acorrentados e colocados na prisão, apedrejados, serrados ao meio, postos à prova, mortos ao fio da espada. Andaram errantes, vestidos de pele de ovelhas e de cabras, necessitados, afligidos e maltratados. O mundo não era digno deles. Vagaram pelos desertos e montes, pelas cavernas e grutas (Hebreus 11.33-38).

Hoje em dia, cristãos sob regimes opressivos sofrem perseguição por causa de sua fé. Alexandre Solzhenitsyn nos traz à memória o grande reservatório de sofrimento que se acumulou entre os cristãos russos e o legado que eles deixaram para o mundo.

Penso em minha mãe, nascida em uma família da sociedade londrina, que foi para a Índia como missionária. Quando a Vó Brand completou 69 anos de idade, sua missão pediu-lhe que se aposentasse, e ela obedeceu... até quando encontrou uma nova cadeia de montanhas onde nenhum missionário estivera antes. Sem o apoio da sua missão, ela subiu aquelas montanhas, construiu uma pequena choupana de madeira e trabalhou por mais 26 anos. Devido ao quadril quebrado e a um arrepiante quadro de paralisia, ela só conseguia caminhar com a ajuda de duas bengalas de bambu, mas, no lombo de um cavalo velho, ela percorreu todas as montanhas com uma caixa de remédios presa às costas. Procurava os indesejados, os rejeitados, os enfermos, os aleijados e os cegos para cuidar deles. Quando ela chegava a povoados onde era conhecida, multidões irrompiam para saudá-la.

Minha mãe morreu em 1974, aos 95 anos de idade. A alimentação deficiente e a saúde enfraquecida haviam-lhe inchado as juntas, tornando-a macilenta e frágil. Ela deixara de preocupar-se com a aparência pessoal havia muito tempo, recusando-se até a olhar-se no espelho para não ver os efeitos daquela vida massacrante. Ela estava no *front*, na linha avançada que apresentava o amor de Deus a gente extremamente necessitada.

Outra mulher, que também milita na linha de frente, resume para mim em uma única imagem todos os elementos cutâneos do Corpo de Cristo. Visitei uma freira, a dra. Pfau, na década de 1950 nos arredores de Karachi, Paquistão, na maior imundície humana que jamais encontrei. Muito antes de chegar à residência dela, um cheiro podre sufocou-me as narinas. Era um cheiro que quase se podia tocar.

Logo divisei um imenso lixão junto ao mar, o refugo de uma grande cidade, que vinha decompondo-se e apodrecendo durante muitos meses. O ar zumbia de moscas. Finalmente consegui reconhecer figuras humanas — gente coberta de chagas — rastejando por sobre aqueles monturos. Eram leprosos, mais de uma centena deles, expulsos de Karachi, que haviam transformado o lixão em sua casa. Lâminas onduladas de lata indicavam seus abrigos, e uma única torneira no centro do lixão era sua fonte de água.[1]

Mas ali, ao lado desse cenário horrível, vi uma clínica de madeira bem organizada onde encontrei a dra. Pfau. Com orgulho, ela me mostrou as estantes e os arquivos bem organizados onde se guardavam registros perfeitos de cada paciente do lixão. O nítido contraste entre o terrível cenário lá fora e o oásis de amor e preocupação no interior da clínica limpíssima cravou-se fundo na minha mente. A dra. Pfau exibia diariamente todas as propriedades da pele: beleza, sensibilidade às necessidades, flexibilidade e a constante e destemida aplicação do amor divino por meio do toque humano. No mundo inteiro, gente como ela está cumprindo a ordem de Cristo de encher a terra com a presença dele.

---

[1] Hoje o lixão desapareceu, e a dra. Pfau trabalha como médica emérita de leprosos em um moderno hospital do Paquistão.

Mobilidade

20
Movimento

Se não houvesse nenhuma outra prova, o polegar por si só me convenceria da existência de Deus.

ISAQUE NEWTON

Um ancião de aparência bondosa, com um nariz mais do que proeminente e um rosto marcado por rugas, atravessa o palco. Tem os ombros caídos e os olhos parecem encovados e turvos... ele já passou dos 90 anos. Senta-se num banquinho escuro e o ajusta ligeiramente. Depois de respirar fundo, ergue as mãos. Tremendo um pouco, elas pairam por um instante sobre o teclado preto-e-branco. E a música começa. Todas as imagens de fragilidade e velhice desaparecem instantaneamente da cabeça das 4 mil pessoas ali reunidas para ouvir Arthur Rubinstein.

Seu programa desta noite é simples: *Impromptus* de Schubert, vários prelúdios de Rachmaninoff e a conhecida *Sonata ao Luar* de Beethoven, todas peças que se poderiam ouvir em qualquer recital de uma escola de música. Mas elas não poderiam ser ouvidas da maneira como Rubinstein as executa. Desafiando a mortalidade, ele combina uma técnica impecável com um estilo poético, produzindo interpretações que provocam prolongados gritos de "Bravo!" em meio aos aplausos da plateia enlouquecida. Rubinstein curva-se ligeiramente, fecha aquelas maravilhosas mãos nonagenárias e lentamente deixa o palco.

Devo confessar que uma execução magistral como a de Rubinstein enche-me tanto os ouvidos quanto os olhos. As mãos são a minha profissão; tenho-as estudado a vida inteira. Um recital de piano é um balé de dedos, um esplêndido florescer de ligamentos e articulações, tendões, nervos e músculos. Preciso sentar-me perto do palco para observar esse movimento.

Com base em minhas próprias cuidadosas estimativas, sei que alguns dos movimentos exigidos, como os poderosos arpejos do terceiro movimento da *Sonata ao Luar*, são simplesmente rápidos demais para serem realizados de modo consciente. Os impulsos nervosos não viajam com velocidade suficiente para que o cérebro perceba que o dedo médio ergueu-se exatamente a tempo de o anular encontrar a tecla seguinte. Meses de prática precisam habituar o cérebro a tratar os movimentos como ações reflexas subconscientes — "memória digital" é como a chamam os músicos.

Fico igualmente maravilhado ante passagens cadenciadas, lentas. Um bom pianista controla os dedos de forma independente, e assim, quando toca um acorde de oito notas com as duas mãos, cada um dos dedos exerce uma pressão ligeiramente diferente, com a nota da melodia soando mais alto. O efeito de alguns gramas a mais ou a menos de pressão num pianíssimo crucial é tão minúsculo que apenas sofisticados laboratórios poderiam aferi-lo. Mas o ouvido humano contém exatamente esse tipo de laboratório, e músicos como Rubinstein são aclamados porque ouvidos apurados conseguem saborear as mais sutis nuanças de controle.

Muitas vezes estive diante de grupos de alunos de medicina ou cirurgiões para analisar o movimento de um único dedo. Mostro-lhes a mão dissecada de um cadáver, que parece quase obscena quando separada do corpo e exibindo feixes de nervos. Anuncio que vou movimentar a ponta do dedo mínimo. Para isso, preciso colocar a mão morta sobre uma mesa e gastar uns quatro minutos identificando uma intrincada rede de tendões e músculos. (A fim de conseguir a habilidade e a elegância de atividades como as de um pianista, o dedo não dispõe de nenhum músculo próprio; os tendões transferem força a partir dos músculos do antebraço e da palma da mão.) Finalmente, depois de organizar pelo menos uma dúzia de músculos na configuração e na tensão correta, com um movimento delicado consigo manobrá-los de modo que o dedo mínimo se mova sem que as articulações proximais se dobrem.

Setenta músculos separados contribuem para os movimentos da mão. Eu poderia encher uma sala com meus manuais de cirurgia sugerindo várias maneiras de reparar mãos feridas. Mas em 40 anos de estudo eu nunca li sobre uma nova técnica que tenha conseguido melhorar mãos normais.

Quando estou sentado em salas de concerto observando dedos esguios saltitando ou deslizando sobre o teclado, lembro-me de minhas palestras. Respeito profundamente as mãos. Rubinstein considera natural o funcionamento delas. As mãos são suas servas obedientes. Muitas vezes ele fecha os olhos, ou fixa um ponto lá no alto, e nem sequer olha para elas. Ele não pensa no dedo mínimo; ele está contemplando Beethoven e Rachmaninoff.

Dezenas de outros músculos alinham-se dispostos a apoiar as mãos de Rubinstein. Os antebraços permanecem tensos, os cotovelos dobram-se praticamente formando um ângulo de 90 graus para ajustar-se à altura do teclado. Os músculos dos ombros formando dunas em seu dorso precisam contrair-se para segurar os braços na posição correta, e os músculos do pescoço e do peito estabilizam os ombros. Quando surgem passagens musicais particularmente árduas, todo o torso e os músculos das pernas enrijecem-se, formando uma base firme para alavancar os braços. Sem esses músculos estabilizadores, Rubinstein cairia todas as vezes que se curvasse sobre o teclado.

Com o intuito de observar os tipos de mãos artificiais que cientistas e engenheiros produziram ao longo de anos de pesquisa e ao custo de milhões de dólares em tecnologia, visitei estabelecimentos que produzem materiais radioativos. Com muito orgulho os cientistas exibem suas habilidosas máquinas, as quais lhes permitem evitar a exposição à radiação. Ajustando botões a alavancas, eles podem controlar uma mão artificial cujo punho se dobra e gira. Modelos mais recentes possuem até um polegar oposto, que na natureza é uma característica avançada exclusiva dos primatas. (Todavia, somente os seres humanos conseguem tocar a ponta do dedo indicador à do polegar, o que lhes permite as ações de pegar, segurar e manejar objetos com facilidade e precisão.) Sorrindo como um pai orgulhoso, o cientista mostra-me um polegar que se mexe.

Aceno com a cabeça para aprovar o que vejo e dou-lhe os parabéns pela grande variação de atividades que a mão mecânica consegue realizar. Mas ele sabe tanto quanto eu que, comparada a um polegar humano, essa mão da era atômica é tosca e limitada, até mesmo patética... uma escultura infantil de massinha comparada a uma obra-prima de Michelangelo. Um concerto de Rubinstein o comprova.

Seiscentos músculos, que perfazem 40% do nosso peso (o dobro daquele dos ossos), consomem grande parte da energia que ingerimos na forma de comida para produzir todos os nossos movimentos. Músculos controlam a luz permitida a entrar nos olhos. Músculos que mal chegam a dois ou três centímetros de comprimento possibilitam um espectro de sutis expressões faciais — um parceiro de *bridge* ou um negociador da corrida armamentista aprende a interpretá-las como sinais importantes. Outro músculo, muito maior, o diafragma, controla a tosse, a respiração, o espirro, o riso e os soluços. Grandes músculos nos glúteos e nas coxas equipam o corpo para caminhar a vida inteira. Sem músculos, os ossos cairiam amontoados, as articulações se soltariam e o movimento cessaria.

Os músculos humanos dividem-se em três tipos: os músculos lisos controlam processos automáticos que atuam sem a nossa atenção consciente; os músculos estriados permitem movimentos voluntários, tais como tocar piano; e os músculos cardíacos são bastante especializados, a ponto de merecerem uma categoria própria. (O coração de um beija-flor pesa apenas alguns gramas, mas bate 800 vezes por minuto; o coração de uma baleia pesa 500 quilos... em contraste a ambos, o coração humano parece apenas funcional, mas desempenha seu trabalho com eficiência máxima durante 70 anos, sem nenhum período de folga.)

Cercados que somos pela mobilidade criada pelo homem — aviões, *buggies* para passear em dunas, pontos coloridos cruzando a tela do televisor —, podemos ficar insensíveis à exaltação dos movimentos possibilitados pelos músculos. Mas até mesmo formas inferiores de vida animal exibem feitos impressionantes. Os músculos de uma mosca comum respondem num milésimo de segundo, o que explica por que poucas são apanhadas se usarmos apenas a mão. A desprezada pulga realiza piruetas e saltos acrobáticos que, se calculados na escala de tamanho humano, provocariam o desânimo e a desistência dos nossos melhores atletas. Visite um zoológico com janelas subaquáticas e contemple como as focas e os leões-marinhos, desajeitados e pesadões em terra, conferem um novo significado ao termo "graciosidade". Pare por alguns instantes no terreiro da fazenda e observe o mergulho da andorinha redefinir o conceito de voo.

Como quase sempre acontece, o ser humano tem uma escala mais conservadora e menos variada de movimentos. Não podemos enxergar como a águia, ouvir como a coruja, brilhar como o vaga-lume, nem correr como o cachorro, pular como o mosquito ou voar como o ganso. Mas temos em nossos músculos um potencial suficiente que permite a existência do Balé Bolshoi e de esportes como a patinação sobre o gelo e a ginástica olímpica. Nos espetáculos da televisão, os artistas são modelos de leveza etérea, deslizando pelo ar, fazendo piruetas sobre um único dedo, saltando de uma alta barra com leveza e elasticidade. Mas ao vivo, perto do evento, essa graça é vista como o resultado de trabalho árduo. Ali tudo é *barulho*, tudo são choques, baques surdos, tábuas rangendo, respiração ofegante e corpos suados. O fato de os seres humanos conseguirem transformar uma atividade muscular tão extenuante em fluidez e graça é um tributo à dupla natureza da mobilidade: força bruta e controle magistral.

21

Equilíbrio

O cristianismo superou a dificuldade de combinar dois opositores ferrenhos mantendo ambos e mantendo-os ambos ferrenhos.

G. K. CHESTERTON

Os movimentos de Rubinstein, ou de Baryshnikov, ou de Heiden, têm um custo muito alto. O córtex motor do cérebro, no qual ficará gravada toda a codificação do movimento intencional, começa vazio como uma tábula rasa. Embora as sementes do comportamento instintivo estejam ali, um bebê, dominado pela gravidade, não consegue manter a cabeça ou o tronco ereto. Os movimentos de suas mãos e pernas são abruptos e irregulares, como nos antigos filmes mudos. Ele aprende rápido, todavia, erguendo a cabeça em um mês e o peito em dois. Em sete meses, se tudo correr bem, ele se senta corretamente sem apoio. Aos 8 meses de idade, fica de pé sozinho, mas na média são necessários mais sete meses para ele caminhar suavemente à velocidade de um passo por segundo, sem ter consciência do que está fazendo.

Se nós identificássemos todos os sinais corporais envolvidos na ação de andar, descobriríamos uma máquina de insondável complexidade naquela criança sorridente e mal equilibrada que começa a aprender a andar. Mais de um milhão de células sensoriais em cada olho compõem a imagem da mesa em direção à qual ela está caminhando. Receptores de estiramento no pescoço relatam a atitude da cabeça ao tronco e mantêm a tensão muscular apropriada. Receptores nas articulações disparam mensagens que relatam os ângulos dos ossos dos membros. Os órgãos sensoriais no interior do ouvido informam o cérebro sobre a direção da gravidade e o equilíbrio do corpo. A pressão do chão em cada dedo do pé envia mensagens acerca do tipo de superfície sobre a qual ela está caminhando.

Só para essa criancinha ficar de pé, os músculos que se opõem entre si nos quadris, joelhos e tornozelos precisam exercer uma tensão igual e contrária, estabilizando as juntas e impedindo que elas se dobrem. O "tônus muscular" descreve o complexo conjunto de interações que mantém todos os músculos da criança moderadamente tensos, conferindo à sua postura ereta a mesma atuação e vigor dos movimentos que a acompanham.

O simples ato casual de olhar para o chão para desviar de um brinquedo provocará uma dramática alteração em todos esses órgãos dos sentidos: a imagem do solo passa rapidamente pela retina, mas o ouvido interno e os receptores de estiramento asseguram ao cérebro que o corpo não está caindo. Qualquer movimento da cabeça altera o centro de gravidade do corpo, afetando a tensão em cada músculo dos membros. No corpo da criança que está aprendendo a andar crepitam milhões de mensagens informando o cérebro e dando orientações para a execução do extraordinário feito de andar.

Os músculos dependem de uma avançada hierarquia para organizar as células individuais. As células musculares — corpos longos, lisos, com núcleos escuros — executam uma única ação: contraem-se. Elas podem apenas puxar, não empurrar, quando duas moléculas de proteína interagem e se encaixam uma na outra, tal como os dentes de dois pentes voltados um para o outro. As células se unem formando cordões chamados fibras, semelhantes a rolos de corda, as quais estão submetidas a uma hierarquia superior chamada grupo de unidades motoras.

Um nervo motor controla um grupo de unidades motoras, envolvendo suas placas terminais ao redor do grupo muscular como um polvo que abraçaria um poste. Quando o nervo emite um sinal, todas as suas fibras musculares imediatamente tornam-se mais curtas e mais densas. Algumas fibras são de "contração rápida" para breves explosões de energia, enquanto outras, as de "contração lenta", demoram mais para fatigar-se. As fibras musculares aderem ao princípio do "tudo ou nada". Elas não têm um regulador variável de energia, mas um simples interruptor que liga e desliga. As variações de força, como quando Rubinstein dedilha o teclado ou o golpeia com vigor, ocorrem devido à quantidade de unidades motoras disparadas em determinado momento.

Maestros de grandes corais ensinam os cantores a não inspirar ao final de um compasso pianíssimo, pois o som de muitas pessoas inalando o ar ao mesmo tempo seria audível e atrapalharia a apreciação por parte do público. Em vez disso, eles devem procurar inspirar no meio de um compasso, alternando o ritmo da respiração individual de modo que o coral continue cantando enquanto apenas alguns membros inalam ar em qualquer instante. Ao contrário do que acontece com o coral, porém, um músculo não pode pedir que seus membros cantem suavemente. Para variar o volume, o bíceps simplesmente altera o número de participantes. Cada unidade motora descansa quando necessário, mas a contração muscular continua estável.

Raramente todas as unidades motoras de um grande músculo entram simultaneamente em ação. Há casos em que a adrenalina provoca feitos de grande vigor, chamados de força histérica, como quando uma mãe levanta um carrinho de cima do filho — talvez então todas as unidades motoras sejam galvanizadas nessa ação.

O "coral" muscular pode ser literalmente ouvido se uma agulha é introduzida num músculo e ligada a uma máquina capaz de transformar energia em som. Clique-clique-clique: um fluxo constante de mensagens relata a atividade do tônus muscular. Flexione lentamente o bíceps, e o crescendo dos cliques atinge a frequência de uma metralhadora. As células nunca param de clicar, e elas se ajustam instantaneamente, em frações de segundos, quando o cérebro exige ação súbita.

Enquanto o medidor registra o fluxo de corrente estática que atravessa uma área muscular do tamanho da ponta de uma agulha, centenas de outros músculos passam totalmente despercebidas. Um grande e importante grupo deles entra em ação independentemente do nosso pensamento: os músculos automáticos, que controlam as pálpebras, a respiração, os batimentos cardíacos e a digestão. É como se a sabedoria do corpo não confiasse ao esquecido e errático livre-arbítrio essas funções de vida ou morte. Tão protegidas elas são que não podemos suspender voluntariamente nossos batimentos cardíacos ou nossa respiração. Ninguém consegue cometer suicídio parando de respirar; o acúmulo de dióxido de carbono nos pulmões dispara um mecanismo que suplanta o desejo consciente e força o movimento dos músculos das costelas, do diafragma e dos pulmões.

Pense na rede elétrica que liga todas as casas e prédios da área metropolitana de sua cidade. A qualquer segundo dado, há luzes que se acendem e outras que se apagam, o pão salta nas torradeiras, fornos de micro-ondas começam sua contagem regressiva, bombas de água entram em ação. No entanto, esse enorme emaranhado de decisões e atividades é marcado pela aleatoriedade. Um sistema de interruptores muito mais complexo está em funcionamento no seu corpo neste exato segundo, enquanto você está lendo este livro, e é perfeitamente controlado e ordenado. Quando chegar ao final desta página, você vai virá-la com os dedos, tendo apenas uma vaga consciência dos complexos sistemas que possibilitam esta ação.

Tanto no corpo físico como no espiritual, um músculo precisa ser exercitado para continuar crescendo. Se, pela paralisia, perdemos o movimento, a atrofia se instala, e os músculos se encolhem até serem absorvidos pelo resto do corpo. De modo semelhante, o Corpo de Cristo exibe sua melhor saúde agindo com amor para com os outros seres humanos. Quando ele deixa de reagir ativamente contra a dor e a injustiça, começa a desgastar-se e a enfraquecer-se. Se uma faculdade orgânica não é utilizada, ela degenera. Os parasitas tristemente demonstram essa lei da natureza.

Um aspecto, porém, da mobilidade do Corpo de Cristo continua a intrigar-me. Mesmo quando, ao longo da história, a igreja está em plena ação, ela parece marcada por uma natureza convulsiva, confusa. Tome qualquer século, e a história da igreja nessa época determinada incluirá divisões e cismas, debates acalorados sobre o papel da obra social e reações lamentavelmente exageradas a influências não cristãs. Uma vez que a história da igreja inclui esses movimentos experimentais e espasmódicos, nós tendemos a dar pouca importância à eficiência da mobilidade do Corpo. [1]

---

[1] Pelo menos parte da confusão origina-se do fato de que a igreja organizada, visível, pode a qualquer momento diferir da verdadeira igreja — o Corpo de Cristo. Um pastor ou um bispo pode, em determinado momento da história, ter atuado fora do Corpo e contra ele.

Todavia, ao examinar mais detalhadamente a biologia da mobilidade, consigo entender melhor como surtos de energia aparentemente desconexos podem na verdade contribuir para a fluidez. No corpo humano a mobilidade não resulta da ação de todas as partes contribuindo para a mesma atividade. Na verdade, cada ação provoca uma reação igual e contrária. Vimos que os músculos estão dispostos em pares antagônicos de modo que, quando o tríceps se contrai, o bíceps se descontrai, e vice-versa. Mas um dos pioneiros da neurofisiologia, sir Charles Sherrington, demonstrou que *todas* as atividades musculares envolvem tanto a inibição quanto a excitação. Em cada frase muscular, há um "mas" que estabelece equilíbrio.

O movimento reflexo do joelho, que envolve apenas dois músculos, ilustra o princípio de Sherrington. Quando o médico bate no joelho do paciente, o músculo na parte da frente da coxa dá um salto, excitado. Mas essa ação só é possível se a parte posterior da coxa, que dobra o joelho, estiver ativamente inibida e decidir não se contrair. Os dois estímulos têm o mesmo poder, um levando à ação, o outro, à inação. Em movimentos complexos, como andar ou chutar uma bola de futebol, centenas de reações opostas ocorrem simultaneamente. Assim, toda a ação muscular envolve essa política de dar-e-receber. Sherrington explicou esse conceito: "Alguém observou que o objetivo da vida é uma ação, não um pensamento. Hoje essa máxima precisa ser modificada para admitir que, muitas vezes, abster-se de uma ação não é menos ação do que praticá-la, uma vez que a inibição é uma atividade nervosa coigual à excitação".[2] Não decidir pela ação é, ainda assim, decidir.

Uma harmonia de inibições sincroniza o corpo todo, coordenando os batimentos cardíacos com a respiração, e a respiração com a deglutição, estabelecendo o tônus muscular com adaptações para todas as mudanças de movimento. Em resumo, a inibição impede que uma parte da máquina atrapalhe a outra.

Esse princípio biológico pode ajudar a explicar o que à primeira vista parece um problema recorrente na história da igreja. O Corpo de Cristo tem se movido por meio de reflexos extremos, exagerados. Exatamente sobre a questão da atividade em oposição à inatividade, irrompeu um debate nos

---

[2] Jonathan MILLER. *The Body in Question*. New York: Random House, 1978, p. 310.

primórdios da igreja. No comportamento, como Charles Williams enfatizou, há duas tendências opostas. "A primeira diz: 'Tudo é infinitamente importante'. A segunda diz: 'Isso sem dúvida é verdade. Mas a mera sanidade mental exige que não tratemos tudo como sendo de grande importância'."[3] A primeira visão, rigorosa, conduz a uma visão de mundo afiada, intensa, que vê em todas as ações consequências eternas. Na sua pior expressão, ela pode evoluir para o legalismo farisaico e para a intolerância das cruzadas "santas". A segunda visão, relaxada, que contribui para a sanidade mental, na pior das hipóteses pode descambar para a inatividade, para uma atitude "E daí?" em relação à injustiça e ao pecado.

O apóstolo Paulo, notadamente em Gálatas e Romanos, travou uma ferrenha batalha contra esses dois extremos, de um lado vergastando os legalistas por perverterem a graça de Deus e, do outro, mostrando as obras cristãs como uma consequência normal da nova vida.

Também no seu relacionamento com o mundo mais amplo, os cristãos têm oscilado entre forças opostas. Nos primeiros dois séculos cristãos, surgiram o Método da Afirmação e o Método da Negação, cada um atraindo ardentes seguidores. O Método da Afirmação estabelecia uma política rigorosa para a igreja: "Se algum bispo, ou sacerdote, ou diácono, ou clérigo de qualquer escalão, se abstiver do casamento e de comer carne e beber vinho... que ele seja corrigido ou deposto e entregue à igreja".[4]

Os que se abstinham do casamento e das celebrações festivas eram tachados de "blasfemadores da criação", e os que os defendiam tinham muitos alvos a atacar, em parte devido aos atletas de Deus correndo magros e nus pelo deserto. O paradoxo não era novo: Jesus ressaltara que João Batista fora amaldiçoado por seu ascetismo, enquanto ele, o Filho de Deus, era alvo de comentários maldosos como se fosse um beberrão e comilão (Mateus 11.19). Cada tendência extraiu algo de bom do conflito: o Método da Afirmação legou-nos a grande arte, o amor romântico, a filosofia e a justiça social, enquanto o Método da Negação contribuiu com profundos documentos místicos que só podiam provir da tranquila contemplação dos santos.

---

[3] WILLIAMS, Charles. **The Descent of the Dove**. London: Longmans, Green and Company, 1939, p. 31.

[4] Ibid. p. 57.

Os cristãos de hoje estão tentando equilibrar a apreciação estética dentro da igreja com as exigências críticas de um mundo cada vez mais superpovoado. Será possível manter a beleza da arte e a riqueza da arquitetura tendo em vista os recursos que essas atividades consomem? Alguns estão redescobrindo a necessidade da vida em comunidade, o que, em uma sociedade teimosamente democrática como a ocidental, talvez exija um formato altamente estruturado. Líderes de missões lutam constantemente com as tensões criadas por seu objetivo duplo de servir espiritual e materialmente por meio do evangelismo e da responsabilidade social. Até mesmo uma congregação minúscula pode refletir essas tendências opostas.

Se eu visitar uma comunidade cristã de jovens políticos radicais que se opõem pesadamente ao governo estabelecido e defendem o pacifismo total e a pobreza intencional, posso sair de lá com uma visão distorcida de como deveria ser a atividade cristã no mundo. No entanto, essa contracultura cristã pode, pelo processo da inibição, temperar a atuação da igreja institucionalizada, suavizando seus movimentos insensíveis, chamando-a de volta para uma consciência radical da justiça. Talvez a sua contribuição possa impedir que o corpo despenque para um dos lados.

O fator unificante nesses debates deve ser um compromisso comum com o Cabeça, Jesus Cristo. Vamos discordar sobre o que ele disse e quis dizer e sobre quais são os melhores meios de realizar esses objetivos em uma sociedade hostil. No entanto, se não conseguirmos atingir a comunhão de nossa mútua obediência a ele, nossas ações serão vistas não como forças antagônicas necessárias ao movimento, mas como fúteis contrações espasmódicas.

22
Disfunções

As nossas faculdades são como aquelas usinas de fundição que só podem receber minério com alto grau de impureza; quando a luz é brilhante demais, não conseguimos enxergar.

MALCOLM MUGGERIDGE

Entrou no meu consultório na Índia um sujeito corpulento e chorão. Era um engenheiro australiano bem-sucedido que já trabalhara naquele país por muitos anos. Mas o pescoço dele contraía-se de modo tão violento que, a intervalos de alguns segundos, o queixo batia contra o ombro direito. Ele sofria de torcicolo espasmódico, ou síndrome do pescoço torcido, uma peculiar afecção debilitante geralmente causada por um distúrbio com profundas raízes psicológicas.

Entre um e outro puxão espástico do queixo, o paciente descreveu-me o seu desespero. Para aumentar suas razões de autocomiseração, ele era baixo e gordo e tinha um passado de alcoólatra. O torcicolo, disse ele, começara depois de uma visita à Austrália. Solteirão convicto, voltara de lá com uma esposa — uma mulher esplêndida, mais alta e mais jovem do que ele, que imediatamente se tornou objeto de muitos comentários locais. O que ela havia visto nele? Qual fora a causa de tal estranho casamento?

Encaminhei o engenheiro a um psiquiatra, uma vez que eu nada mais podia fazer além de sedá-lo temporariamente. O psiquiatra confidenciou-me

165

a suspeita de que a enfermidade do engenheiro aparecera devido à sua ansiedade e medo de não estar à altura da nova esposa. Deu o diagnóstico, mas nenhuma sugestão de cura. O engenheiro procurou-me de novo após algumas semanas, ainda mais desesperado. Desmazelado, com o pescoço repuxando espasmodicamente, ele inspirava piedade.

Quando ele ficava sozinho, sem que ninguém o notasse, o pescoço raramente se contorcia. Mas, assim que alguém começava a conversar com ele, o queixo logo se arremessava contra o ombro, agravando uma contusão esponjosa e crônica. Pesquisei o caso e trabalhei com o paciente, mas nada o ajudava a não ser a sedação e o alívio temporário após uma infiltração de novocaína na raiz dos nervos. No fim ele chegou ao desânimo total e tentou suicidar-se. Com voz firme e resoluta, ele insistia em que tentaria matar-se quantas vezes fossem necessárias até conseguir. Já não conseguia viver com aquele pescoço anárquico.

Tentei enviá-lo para o exterior, uma vez que não havia nenhum neurocirurgião na Índia, mas ele se recusou a ir. Relutante, concordei em tentar uma perigosa e complicada operação que implicava a exposição da sua medula espinhal e da base do cérebro. Eu nunca havia tentado um procedimento tão complexo, mas ele insistia em que a sua única alternativa era o suicídio.

Não consigo lembrar uma operação atormentada por tantos contratempos como aquela. Havíamos improvisado a extensão de uma mesa normal de operação para que o paciente pudesse deitar-se de bruços, como em uma mesa neurológica. Infelizmente, isso dificultava o trabalho do anestesista em ajustar o tubo na traqueia quando este saía do lugar. A consequente má oxigenação aumentou muito o sangramento, e o cautério entrou em curto circuito no momento crítico em que mais se fazia necessário para controlar o sangramento. Depois, todas as lâmpadas se apagaram, e eu fiquei apenas com a luz de uma lanterna manual e sem cautério exatamente no instante em que a medula começava a ficar visível. Para aumentar a tensão, eu me esquecera de esvaziar a bexiga antes da cirurgia e senti-me extremamente desconfortável o tempo todo.

Em meio a essas complicações, tentei concentrar-me em algumas incisões delicadas. Depois de expor a medula espinhal e o cérebro inferior, localizei os nervos semelhantes a cabelos que serviam aos músculos espásticos do pescoço. Qualquer leve tremor do bisturi poderia cortar um feixe de nervos, destruindo o movimento e as sensações.

De algum modo, apesar dessas dificuldades, a cirurgia foi um sucesso. Quando o engenheiro acordou tendo nas costas uma corcunda de bandagens, descobriu que o temido movimento do pescoço já não o atrapalhava. Nem poderia atrapalhar, naturalmente, pois eu havia cortado os nervos motores que saíam da medula espinhal em direção aos músculos que giravam o pescoço. O rapaz já não conseguia fazer o movimento que antes o escravizara. Aquele grupo de músculos havia sido totalmente rejeitado por causa da sua rebelião contra as ordens do cérebro. Aos poucos, devido à falta de uso, eles foram absorvidos pelo organismo.

Quando as pessoas encontram alguém com um músculo espástico, muitas vezes presumem que se trata de uma disfunção do músculo em si. Na verdade, o músculo está perfeitamente sadio, não doente. De fato, está bem desenvolvido pelo uso frequente. A disfunção origina-se do relacionamento do músculo com o restante do corpo; ele mostra força no momento errado, quando o corpo não precisa dele e não quer que ele atue. Um músculo espasmódico pode, como no caso do engenheiro australiano, causar embaraço, dor e profundo desespero.

Da mesma forma que células gordurosas anormais podem levar a um tumor maligno por meio do acúmulo de recursos corporais, os músculos espásticos podem interferir no movimento normal do corpo. Simplesmente, um músculo espástico ignora as necessidades do resto do organismo. Sua disfunção aproxima-se mais de uma rebelião do que de uma doença.

Os atos de amor — curar, alimentar, educar, proclamar a Cristo — são as funções apropriadas do movimento do Corpo espiritual. Até essas ações, porém, que parecem totalmente boas, podem ser afetadas por uma perigosa disfunção. Como o músculo espástico, podemos tender a executar atos de bondade em nosso próprio benefício, por amor a nós mesmos e visando à boa reputação. Na prestação de serviços aos que são física e espiritualmente necessitados, somos particularmente suscetíveis às tentações de "fazer o papel de Deus" e de sentir uma espécie de orgulho autocomplacente. Depois de tornar-se um deus, o amor procura transformar-se em um demônio. Descobri que aqueles que estão envolvidos no trabalho cristão enfrentam constantemente essa inclinação sutil para o orgulho. Alguém me procura em busca de aconselhamento espiritual, e eu o atendo. Mas, antes que a pessoa deixe a minha sala, já estou felicitando a mim mesmo por ser um conselheiro tão refinado.

Os discípulos de Jesus, os primeiros que foram treinados para representá-lo, viviam tropeçando nesse ponto. Discutiam sobre questões mesquinhas como quem era o maior entre eles e quem receberia mais honra no céu (Mateus 20.20-23). Jesus pregou-lhes sermões sobre o sacrifício pessoal, mostrou-lhes crianças retiradas da multidão como exemplos da humildade que eles deveriam ter, até lhes lavou os pés sujos para ilustrar o conceito de serviço. Parece que a ideia não foi assimilada — não até aquele negro dia no Calvário.

Não desejo fazer julgamentos ou citar nomes de cristãos de hoje que parecem estar usando os músculos de uma forma que mais serve a eles mesmos do que ao Corpo. No entanto, eu me pergunto sobre o crescimento explosivo da igreja eletrônica. Esse poderoso novo músculo parece atingir milhões de pessoas e também coletar milhões de dólares. Mas será que esse meio não confere aos líderes excesso de influência e poder? Como ex-missionário em uma função assistencial, eu conheço bem as fraquezas humanas que conduzem ao orgulho do espírito. Os evangelistas da mídia, os oradores cristãos e os artistas descreveram-me as suas tentações típicas. Eles podem facilmente deleitar-se no calor da aceitação entusiasmada e dos comentários bajuladores que satisfazem o ego. Os executivos das corporações cristãs e os pastores estão sujeitos às mesmas tentações de orgulho e *status*.

Nenhum de nós está isento. Cristãos radicais que promovem atividades nos centros urbanos, cristãos politicamente conservadores que doam às missões grandes somas de seus investimentos, seminaristas que se vangloriam dos seus conhecimentos recém-descobertos, membros da igreja que integram comissões no seio da instituição — todos nós precisamos voltar à imagem do Filho de Deus ajoelhado no chão duro desatando sandálias cobertas do sufocante pó da Palestina. Não podemos encontrar nossa verdadeira realização por meio da demonstração de força individual como uma unidade muscular isolada no Corpo de Cristo. Ao contrário, a nossa atividade deve ser em benefício do Corpo. Se servirmos a Cristo com lealdade, e disso resultar aplauso e até mesmo fama, precisaremos de uma graça especial para lidar com a situação. Mas, se conscientemente buscarmos o aplauso, ou a fama, ou a riqueza, qualquer que seja o resultado final, o efeito será igual ao de uma contração espástica de um músculo outrora sadio. Como Ananias e Safira, acabaremos transformando uma boa ação em uma ação impura pela impureza da nossa motivação.

———————

O movimento do Corpo, portanto, requer uma cooperação suave e voluntária de muitas partes que alegremente submetem a sua força à vontade da Cabeça. Se essas partes agirem ignorando as ordens da Cabeça, sua ação, embora poderosa e impressionante, não beneficiará o corpo.

A mobilidade envolve também outro grave problema que pode incapacitar o organismo. Quando as partes trabalham em conjunto, bem unidas, elas geram fricção. Fui alertado sobre esse perigo quando uma famosa pianista inglesa apresentou-se para uma consulta. Ela me disse que uma dor específica estava atrapalhando todas as suas apresentações. A pianista já não conseguia concentrar-se no fluir da música ou do ritmo. Em vez disso, sua cabeça focava a dor que lhe atacava a mão sempre que o polegar se movia formando determinado ângulo com o pulso. Recentemente ela havia cancelado uma série de concertos devido a essa dor irritante, embora todas as outras habilidades — interpretação musical, atividade muscular, sentido do tato e *timing* — continuassem intactas.

Eu disse a ela que o problema emanava de uma pequena e áspera área de artrite entre os dois ossos do pulso na base do polegar. Sugeri que ela continuasse tocando, mas que tentasse usar aquela articulação o mínimo possível.

— Mas como posso pensar em Chopin quando preciso preocupar-me com o ângulo do polegar? — ela protestou.

Cada vez que começava a tocar, sua atenção se fixava na dolorosa fricção da minúscula junta que se tornara áspera.

O tratamento de pacientes como essa pianista induziu-me a estudar o tipo de lubrificação usada por nossas articulações, e aprendi que uma das coisas mais espantosas sobre o corpo humano está em como as nossas juntas geralmente funcionam de modo tão suave e sem dor alguma. No laboratório de Cavendish, em Cambridge, na Inglaterra, uma equipe de químicos e engenheiros comparou as propriedades friccionais da cartilagem que reveste as articulações com aquelas dos materiais que os engenheiros usam para rolamentos. Eles estavam procurando um material adequado para usar em quadris artificiais. Para começar, calcularam que a fricção presente no joelho de um boi correspondia a um quinto daquela apresentada por um metal altamente polido — aproximadamente a mesma fricção de gelo sobre gelo. Parecia impossível que a biologia pudesse apresentar uma articulação cinco vezes mais eficaz do que a de qualquer produto que a ciência da engenharia jamais conseguira.

Eles pesquisaram mais e descobriram que a cartilagem das articulações está repleta de minúsculos canais cheios de fluido sinovial. Essa cartilagem é compressível e, quando uma articulação se mexe, a parte da cartilagem que suporta a tensão se comprime, provocando a emissão de jatos de fluido provenientes desses canalículos. O fluido forma uma espécie de pressão-lubrificação forçada que separa as duas superfícies. Quando uma articulação se mexe mais, uma parte diferente da superfície suporta a pressão; e mais fluido é expelido na nova área, enquanto a área que acaba de ser aliviada se expande e absorve o seu fluido. Assim, no movimento ativo, as superfícies das juntas na verdade não se tocam, mas flutuam sobre jatos de fluido. Os engenheiros ficaram assombrados, pois a lubrificação de limite e a lubrificação por pressão eram avanços recentes da engenharia — na visão deles.

No Corpo de Cristo, as articulações são aquelas áreas especiais de fricção potencial nas quais as pessoas trabalham juntas em alguma atividade estressante. Num corpo em repouso quase não há necessidade de resistência contra a fricção, mas, assim que os músculos e os ossos entram em ação, as articulações tornam-se pontos críticos de atenção. Considerando com que rapidez as juntas e rolamentos de uma máquina nova exigem atenção, fico assombrado com as minhas articulações por sua capacidade de durar décadas sem estalar ou raspar nem um pouquinho. Mas, apesar desses notáveis poderes de lubrificação, as articulações podem ser danificadas quando as superfícies deslizantes se ferem ou começam a desgastar-se.

Com muita frequência, quando chega a velhice, a fricção começa a provocar dor e latejamento nas articulações — uma reação normal a anos de desgaste. No Corpo de Cristo, esse desgaste natural às vezes se manifesta na forma intolerante com que os cristãos mais velhos e experimentados talvez julguem os que apresentam um novo entusiasmo pela fé, mas têm ainda muito a aprender sobre comportamento e doutrina. Nos últimos anos, a igreja tem absorvido grande afluxo de gente nova, especialmente o pessoal do "Movimento de Jesus" da década de 1960 e as levas de cristãos carismáticos da década de 1970. Alguns cristãos mais velhos perceberam que estavam ficando irritados e mostrando intolerância em seus relacionamentos com esses novos membros. Às vezes a graça de Deus precisa vir na forma de pequenos jatos de fluido sinovial que ajudam os velhos a entender os jovens e a conviver com eles, e ajudam os jovens a entender como deve sentir-se quem tem a cartilagem desgastada.

Muito mais sério do que esse incômodo natural das juntas é o quadro da artrite reumatoide, que incapacita até mesmo os jovens. Não sabemos realmente a causa dessa doença que de algum modo produz hipersensibilidade nas células das articulações. De repente uma junta é inundada por enzimas que normalmente ocorrem apenas quando bactérias e proteínas estranhas convocam mecanismos de defesa. Uma reação geralmente sadia torna-se canibalística, e as células da membrana sinovial reagem como se estivessem inflamadas por alguma infecção. Quando abrimos e examinamos as juntas, não conseguimos encontrar nenhum inimigo, apenas a presença enfurecida de células defensivas que em vão atacam cartilagens e ligamentos. Uma pavorosa guerra civil irrompeu: o próprio mecanismo de defesa tornou-se a doença.

Várias teorias tentam explicar a artrite reumatoide. Uma delas propõe que de fato existe um inimigo, mas ele ainda não foi isolado ou identificado. Seja qual for a teoria verdadeira, essa reação exagerada causa um mal penoso e irreversível. Mesmo que um inimigo real esteja presente, esse inimigo muito provavelmente infligiria menos dano do que o causado pelas células que reagem contra ele.

A artrite reumatoide espiritual às vezes ataca a obra da igreja cristã. Os membros tornam-se hipersensíveis, ofendendo-se com críticas infundadas. A dignidade própria e a posição pessoal tornam-se mais importante do que a harmonia do grupo. Ou então eles podem escolher uma questão doutrinária menor e considerar a aprovação dela como o fator determinante da unidade espiritual.

A lição neste ponto é tão óbvia que praticamente não precisa de esclarecimentos. No entanto, ela com certeza deve ser aplicada. A fricção e a tensão irrompem repentinamente? Seria resultado da minha própria indignação de homem justo contra o que está errado na minha família, ou entre meus colegas, ou na igreja? Estaria a minha ira causando mais problemas do que causaria o erro que me deixa irado?

A artrite manifesta-se nas juntas porque ali a fricção causada pelo movimento cobra o seu tributo. Alguns podem pensar que os cristãos são menos suscetíveis à fricção por causa dos ideais e objetivos que eles têm em comum. Mas o serviço cristão pode realmente aumentar a fricção, uma vez que as pressões para "ser espiritual" criam as mesmas tensões do trabalho secular. Na Escola Cristã de Medicina da Índia, tínhamos um psiquiatra cujos clientes muitas vezes eram missionários. Por suas elevadas motivações e por trabalharem em regiões isoladas, muitas vezes tendo apenas um parceiro, os missionários parecem sujeitos a tensões pessoais agudas. Frequentemente eles se recusam a admitir seus problemas até a fricção destruir todo o bem que fizeram.

Duas mulheres vão servir juntas em um posto missionário, tendo apenas a companhia uma da outra. Embora enfrentem juntas uma tremenda tarefa, o que as prejudica não é o tamanho da tarefa, mas as ásperas fricções quotidianas do trabalho em conjunto. E elas preferem não dar vazão à tensão por acreditarem que isso é anticristão e por não gostarem de admitir a existência de um problema real. Então reprimem a tensão, transformando-a em dano emocional e físico. Quando as fricções finalmente se manifestam, elas podem ter sua origem em coisas triviais como uma brincadeira fora de hora, uma tendência a roncar, ou o modo como um colega palita os dentes.

As pessoas às vezes supõem que a vida cristã traz consigo uma imunidade natural à fricção, mas certamente não é assim que as coisas ocorrem. O corpo humano faz malabarismos incríveis para impedir a fricção, e o Corpo de Cristo deveria tomar os mesmos cuidados para lubrificar possíveis conflitos quando nós abraçamos atividades em comum.

23
Hierarquia

O neurônio é como a miniatura de uma pessoa: tem uma personalidade, tem um batalhão de partes desiguais, tem ações espontâneas e estimuladas. [...] Finalmente, fala com uma única voz, que integra tudo o que ocorreu antes.

THEODORE H. BULLOCK

Chamei casualmente de eletricidade à força articuladora que percorre o corpo. Eletricidade? A suposição de hoje foi a aventura tresloucada de ontem. A própria palavra, carregada de raios e corpos imolados, era tão assustadora e misteriosa para as gerações passadas como a energia atômica é para a nossa. Hoje produzimos eletricidade, e há conselhos de empresas públicas determinando quanto devemos gastar em troca da imediata transmissão do produto para as nossas casas. Mas ainda assim mil riscos de fogo atacam a Terra a cada minuto na forma de raios. Só os valentes se exibem perante Zeus.

Que relevância poder ter a temida eletricidade dos céus para os bilhões de minúsculas células nervosas que me unificam? Luigi Galvani, um italiano que viveu 30 anos depois do corajoso Benjamin Franklin, soltou sua pipa no labirinto dos nervos humanos. Antes de Galvani, todos os cientistas e médicos desde d.C. seguiam fielmente a teoria do médico grego Galeno, que elegantemente descreveu um sistema de comunicações no corpo como um fluxo ininterrupto de etéreos "espíritos animais" percorrendo uma rede de tubos ocos. Sua teoria servia bem para a sua época. Que tempos se não os nossos tentariam reduzir o estímulo do desejo do amante, a fruição entusiasmada da música de Vivaldi e o sagrado misticismo de um santo a fórmulas quantificáveis de reações químicas e impulsos elétricos?

O pobre Galvani não poderia prever as consequências reducionistas que a sua descoberta provocaria. Ele simplesmente trouxera do campo algumas rãs para o jantar uma tarde nublada e pendurou-as na varanda. Seguindo um daqueles palpites malucos e implausíveis que têm formado a história da ciência, ele cortou a cabeça das rãs, esfolou-as e passou um fio ligado a um para-raios pela medula exposta dos bichinhos. Registrou o que aconteceu em seguida quando uma trovoada de verão atravessou rugindo os céus de Bolonha.

> Quando um raio irrompia, no mesmo instante todos os músculos se contorciam muitas vezes e de forma violenta, de modo que, exatamente como acontece com o fulgor súbito do raio, assim também os movimentos e contrações musculares [...] precediam os trovões e, por assim dizer, os anunciavam.[1]

Galvani era cientista; se tivesse sido escritor, teria descrito o ansioso assombro no rosto dos seus convidados que olhavam as rãs decapitadas saltando e tremendo como se estivessem nadando em uma lagoa. A eletricidade da atmosfera fluíra pelos nervos das rãs estimulando movimentos em animais que, fora isso, estavam mortos.

Galvani fez muitos outros experimentos com rãs, alguns dos quais têm recebido versões falsas ao longo dos anos, de modo que é difícil saber o que de fato aconteceu. Homem tímido, ele publicou as suas descobertas relativamente tarde na vida, encarregando um sobrinho de defender em público as suas teorias. Mas a descoberta mais importante aconteceu em um dia luminoso quando ele pendurou várias rãs decapitadas em ganchos de cobre acima da grade de ferro da sua varanda. Sempre que uma perna de rã se movia para a grade e entrava em contato com ela, saltava violentamente.

Rãs mortas saltando durante uma trovoada são uma coisa, mas rãs mortas esperneando na varanda em um dia ensolarado — isso é um tipo de descoberta para deixar a comunidade científica de orelha em pé. E foi o que aconteceu.

O rival de Galvani, Alessandro Volta, concluiu que a corrente elétrica nada tinha que ver com as rãs, e tudo dizia respeito a dois metais

---

[1] GALAMBOS, Robert. **Nerves and Muscles.** Garden City: Doubleday & Co., 1962. p. 23 [**Nervos e músculos:** uma introdução à biofísica, Edart, 1973].

dessemelhantes unidos por um condutor. Ele prosseguiu e inventou a bateria, e nós hoje devemos agradecer-lhe pelos placares eletrônicos, pelo jornal eletrônico em Times Square, pelo luminoso prédio Wrigley de Chicago e pela bateria que liga o carro em manhãs com temperatura abaixo de zero.

Galvani teimosamente insistia em que a reação provinha da "eletricidade animal", e nós devemos agradecer-lhe pelos monitores de eletrocardiogramas, pelas máquinas de *biofeedback*, pelo tratamento à base de choques e por incontáveis milhões de pernas de rãs mortas saltando como loucas em laboratórios de escolas de medicina.

Mais um século e meio passaria antes que os exploradores do corpo finalmente apresentassem uma explicação razoável sobre como a eletricidade viaja pelo corpo. Obviamente, ela não poderia fluir como a crepitante corrente no interior de um receptáculo murado, não através de nervos tão finos que um feixe deles, da espessura de um cabelo, contenha 100.000 "fios" separados. Em vez disso, a corrente elétrica corre dentro de nós por meio de interações químicas de íons de sódio e potássio, e atualmente os manuais de medicina exibem desenhos coloridos de células nervosas com sinais positivos (+) fora da membrana e sinais negativos (-) dentro dela, ilustrando como as moléculas carregam mensagens nervosas à maneira de corredores passando uma tocha de mão em mão.

A célula chamada neurônio é a unidade mais importante da comunicação dentro do corpo. Doze bilhões de neurônios estão prontos para agir quando nascemos. Todas as outras células do organismo morrem e são substituídas a intervalos de alguns anos, mas os neurônios não. Como poderíamos funcionar se as nossas reservas de memória e a nossa informação acerca do mundo fossem periodicamente descartadas? Quando os neurônios morrem, eles não voltam mais. Pelo decreto unânime de especialistas médicos, os neurônios são as células mais significativas e interessantes de todo o organismo humano.

Os manuais de biologia mostram neurônios isolados, retirados do corpo físico e coloridos de forma idealizada como nunca aparecem na natureza. Mas, mesmo a partir dessas caricaturas, pode-se perceber a grandeza dos neurônios. Eles começam com um emaranhado de extensões incrivelmente finas e rendadas chamadas dendritos, que, como as raízes capilares de uma árvore, se afunilam para uma única haste. Em neurônios aferentes, que levam mensagens para o cérebro, esses dendritos se estendem para todas as partes do corpo de onde relatam estímulos recebidos. Em neurônios eferentes, que controlam os músculos, as ramificações enroscam-se ao redor de fibras musculares, tendo por extremidade as placas terminais que controlam diretamente a atividade muscular.

O aluno de medicina que estudou modelos de órgãos feitos de acetato, elegantemente rotulados e dispostos, terá um violento choque na primeira vez em que abrir um cadáver e encontrar uma confusão de órgãos sangrentos, todos parecendo mais ou menos iguais e empurrando-se entre si para ganhar espaço. Da mesma forma, um cirurgião nunca encontra um neurônio que se apresente em perfeito relevo, separado do corpo. Ele vê centenas, talvez milhares, unidos e formando uma espécie de corda que conduz a feixes mais grossos e finalmente à própria medula espinhal. Os dendritos entrelaçam-se de modo tão intrincado que mesmo com um microscópio é quase impossível discernir onde termina um e começa o outro. Comparo sua aparência com o que vejo postando-me à margem de uma floresta num dia de inverno. Diante de mim, marcha uma fileira de várias centenas de árvores, cada uma delas impelindo prolongamentos negros de galhos para cima e para os lados. Se todas essas árvores pudessem ser comprimidas em alguns metros quadrados, com seus galhos intactos e de algum modo ocupando todos os espaços sem de fato se tocarem uma à outra, a imagem resultante seria semelhante à de um feixe de nervos no corpo.

Um grande debate assolou a neurofisiologia por décadas: Os ramos, ou dendritos, realmente se tocam? Na fiação elétrica de uma casa, obviamente, cada fio ativo está ligado por porcas de fixação a todos os outros do sistema, de modo que esse sistema é, assim como o encanamento de uma residência, um circuito completamente fechado. Mas, no corpo humano, cada um dos 12 bilhões de neurônios para antes de tocar seus neurônios vizinhos, formando um vácuo preciso chamado sinapse.

A sinapse permite uma complexidade assustadora. Tomemos apenas um neurônio motor que controla uma única fibra muscular de uma das mãos. Ao longo da extensão dessa única célula nervosa, em milhares de pontos separados, nódulos de outros neurônios formam sinapses. (Em um nervo motor grande, 10 mil contatos são estabelecidos, e em um neurônio do cérebro esse número pode subir para até 80 mil.) Se um estímulo aciona esse nervo motor, imediatamente milhares de outras células nervosas na vizinhança são alertadas. As células isoladas representadas nos manuais de biologia se estendem até cada centímetro quadrado da pele, cada músculo, cada vaso sanguíneo, cada osso — elas têm saturação total.

Quero mexer a mão. O estímulo do cérebro é forte o suficiente para contrair o músculo? Quantas fibras musculares são necessárias para que se atinja a força apropriada? Os músculos opostos estão adequadamente inibidos? Um único nervo carrega todas essas mensagens elétricas, que chegam a mil impulsos separados por segundo, com uma pausa apropriada entre cada um deles. Todos os impulsos são monitorados e afetados por todas as 10 mil conexões sinápticas ao longo do caminho. O clique-clique-clique da imagem auditiva da ação muscular é, então, um conceito de jardim-de--infância. De fato, uma estupenda e crepitante turbulência agita-se dentro de todos nós a cada instante.

Devemos fazer alguma coisa para aliviar a incessante histeria da comunicação? Devo interromper a digitação deste texto para permitir que os neurônios dos dedos se recuperem da sua frenética atividade? Pelo contrário, o nosso corpo parece exigir um volume incrível de estímulos. Sujeitos de experimentos que privaram o corpo dos estímulos normais obtiveram resultados desastrosos. Alguns se fecharam em caixas escuras e almofadadas; alguns flutuaram imóveis e de olhos vendados em tanques de água quente. Se a natureza detesta o vácuo, o cérebro detesta o silêncio. O sujeito voluntário do experimento pede socorro depois de algumas horas — ele não consegue manter a sanidade mental sem os estímulos.

O cérebro não pode ordenar diretamente cada decisão no corpo — isso seria desafiar o princípio administrativo da delegação de poderes. Em vez disso, um rígido sistema de reflexos cuida de muitas situações.

Quando eu golpeio o tendão de um paciente logo abaixo do joelho, a perna dele salta em direção ao meu rosto até que a tensão do músculo termine. Dou um novo golpe, desta vez pedindo ao meu paciente para sufocar o reflexo. Ele não consegue; a perna se move de qualquer forma. Que força sinistra em seu tendão ousa opor-se ao cérebro? Trata-se simplesmente de um sistema de proteção embutido. Pequenas estruturas parecidas com fusos, inseridas perto daquele tendão, esticam-se com os músculos, alertando fibras nervosas para levar rápido a mensagem à coluna vertebral. Normalmente (de fato, quase sempre, exceto no caso do teste médico de reflexo), uma tensão súbita naquele tendão significa que a perna do paciente acaba de ser sobrecarregada com um fardo pesado. Normalmente isso acontece quando ele está a ponto de cair, e o processo de tropeçar dispara um reflexo que automaticamente endireita a perna. O cérebro dele delega essas tarefas de proteção ao arco reflexo. O reflexo é parte integral da estrutura.

Temos um exemplo de bons princípios administrativos nessa delegação de ações como espirrar, tossir, engolir, salivar e piscar. Piscar. Já mencionei a trágica cegueira que aflige os pacientes leprosos que perderam os reflexos das pálpebras. Nada mais os alerta quando a córnea está seca e precisa de repetidas piscadas para que possa lubrificar-se. Alguém poderia pensar que pacientes com a visão ameaçada seriam ávidos aprendizes, mas reflexos conscientes não são uma coisa simples. Os pacientes precisam ser treinados com cartazes e cronômetros, com exercícios repetitivos, precisam de repreensões, elogios e adulações. O cérebro avançado informa-os de que ele não pode preocupar-se com algo tão elementar como um reflexo. (Quem obrigaria um sofisticado computador da IBM a contar até dez a cada trinta segundos?) Alguns pacientes não aprendem, e seus olhos acabam secando por completo.

Algumas funções, porém, não combinam com as rígidas e robotizadas reações reflexas. No tronco cerebral reside o nível seguinte de orientação, os reguladores subconscientes da respiração, digestão e atividade cardíaca. Esses reguladores exigem mais atenção do que os reflexos: a simples respiração envolve a cooperação de 90 músculos do peito. E as exigências do corpo mudam rápido; um exemplo é que o batimento cardíaco e a respiração aceleram loucamente quando subo as escadas correndo.

Na posição mais alta na hierarquia nervosa estão os hemisférios do cérebro, que formam o recinto mais sagrado do corpo — protegidos ao extremo por ossos, vulneráveis ao extremo se essa proteção for destruída. Ali dez bilhões de células nervosas e cem bilhões de neuróglias (que fornecem as baterias biológicas para a atividade cerebral) flutuam em uma massa gelatinosa, filtrando informações, armazenando memórias, criando consciência. No cérebro reside a nossa inclinação ao mal e à raiva, bem como os nossos impulsos à pureza e ao amor. Os pesquisadores já conseguem controlar a raiva. Eles podem, com um transmissor implantado no cérebro de um touro selvagem, transformá-lo eletronicamente em um animal dócil. Alguns gostam de tomar conceitos complexos como o amor romântico, o altruísmo, ou a ideia de Deus, e entre risos explicar tudo em termos de íons de potássio, balanços químicos e células de memória e associação presentes no cérebro. Mas eles não chegam a lugar nenhum. Como posso saber se a ideia de Deus não é simplesmente uma série de impulsos elétricos presentes no meu cérebro? Responda-me agora: Como posso saber se esses impulsos elétricos não são o recurso escolhido por Deus para comunicar-me uma realidade espiritual que de outro modo eu não poderia conhecer?[2]

A hierarquia parece bem-ordenada. Mas certa confusão continua aparecendo, colocando um entrave na engrenagem bem-lubrificada da mobilidade. A decisão final, a "vontade" localizada que controla músculos e movimentos, não reside nas magníficas fissuras do cérebro, mas na humilde e singular célula nervosa ou neurônio que controla as fibras musculares. Sir Charles Sherrington descobriu essa frustrante característica e rotulou-a pomposamente de a "via final comum".

O corpo celular do neurônio recebe uma chuva de impulsos de centros nervosos adjacentes. Ele fica alerta a tensões musculares, à presença de dores, à ação de músculos que se opõem, ao grau de força exigida para qualquer atividade específica, à frequência de estímulos, ao oxigênio disponível, à temperatura corporal, ao fator fadiga. Ordens do cérebro chegam em enxurrada: levante o braço — a caixa é pesada, por isso prepare-se para alistar um batalhão de unidades motoras. No entanto, depois que todos os sinais se acumularam num gigantesco conjunto contraditório de conselhos e recomendações, o próprio neurônio motor, localizado no fundo da medula espinhal, decide se deve contrair-se ou relaxar-se. Ele, no fim das contas, é o mais bem-equipado para essa decisão, por estar em contato íntimo com milhares de sinapses locais e também com o cérebro.

O professor Bullock da Universidade da Califórnia, em San Diego, resume o processo: "Os graus de liberdade disponíveis mesmo nesse nível inferior podem oferecer um grau quase ilimitado de complexidade". Agora que já descobrimos a hierarquia sequenciada do corpo, sabemos que ela se reduz ao simples fato de que o neurônio faz aquilo que acha melhor. Quem disse que a natureza não é uma democracia? Os físicos que estudam partículas nos vêm dizendo isso há décadas, e agora o nosso cérebro e seus agentes confirmam o fato.

Somente a "via final comum" pode decidir entre ordens e reflexos incompatíveis, e nós deveríamos ficar felizes com isso. Estou sobre um penhasco

---

[2] CAPON, Robert Farrar. **The Third Peacock**. Garden City: Doubleday & Co., 1971. p. 48.

em um dos picos de granito das Montanhas Rochosas. À minha frente, um pouco além do meu alcance, está uma linda flor silvestre que eu nunca vi antes. Inclino-me para ela, olhando pelo visor da minha câmara fotográfica e recebendo instruções do cérebro, depois de cuidadosamente firmar os pés. A lente de *close-up* está a poucos centímetros da flor quando, de repente, uma corda balança violentamente. Feito um fantoche, inclino-me para trás, afastando-me da flor. O coração bate forte, e eu olho ao redor para ver quem interrompeu a minha fotografia. Não há ninguém ali, salvo um gaio rouco que me censura.

Desde o momento em que olhei por sobre a borda do penhasco para a garganta 700 metros mais abaixo, as minhas células foram quimicamente inundadas com uma consciência mais aguda do perigo potencial. O meu cérebro consciente queria uma fotografia da flor; os meus reflexos subconscientes detectaram uma leve e precária inclinação nos órgãos de equilíbrio em meus ouvidos e, com um curto-circuito, suspenderam as ordens, enviando mensagens *urgentes* diretamente às células nervosas que controlavam os músculos, puxando-me abruptamente para trás.

A mesma rebelião salvadora assume o comando quando ando descalço pelas dependências do hospital de Carville. (Sou um grande defensor dos pés descalços, acreditando que isso torna os pés mais fortes e sadios e nos proporciona um mundo inteiro de sensações, tornando-nos conscientes do chão que pisamos.) Se eu pisar num espinho, o pé se detém no meio do passo, recuando antes mesmo de a dor ser reconhecida pelo cérebro. Mas, se eu estivesse fugindo de um avião em chamas, as minhas células saberiam que o cérebro estava pedindo-lhes para suportar algumas pressões extraordinárias, a fim de impedir problemas mais traumáticos. Nesse caso eu poderia pisar num fragmento metálico incandescente porque os reflexos normais estariam em curto-circuito em prol do objetivo mais urgente da fuga.[3]

A hierarquia do sistema nervoso está a serviço do meu senso de sobrevivência. Às vezes as ordens do cérebro prevalecem; às vezes, ele delega poderes. O resultado de suas ordens sempre depende da célula local autônoma — a via final comum.

---

[3] Jim Corbet, que escreveu sobre a Índia, narrou um caso notável de força de vontade superando a dor em uma situação de tensão. Ao examinar o cenário do ataque de um tigre, ele descobriu que uma senhora havia agarrado um galho de árvore de modo tão resoluto que a pele das mãos dela ficou presa no galho embora o animal tivesse arrancado de lá o corpo da senhora.

24
Orientação

Querer uma única coisa, então, só pode significar querer o Bem, porque nenhum dos outros objetos é uma unidade e, portanto, a vontade que quer um desses outros objetos torna-se necessariamente dúplice.

SOREN KIERKEGAARD

Nós mapeamos a hierarquia existente dentro do corpo: da célula para o neurônio para o reflexo condicionado para o tronco cerebral para o cérebro superior, depois de volta para a via final comum para o neurônio controlador. Apesar das complexas interações de milhares de sinapses, o sistema exibe um desenho básico simples, combinando liberdade e cooperação. Atos tão comuns como matar um mosquito ou fotografar uma flor exigem toda a capacidade desse assombroso sistema.

Não consigo imaginar um paralelo mais impressionante do que esse para a rede de comunicação que une os membros do Corpo de Cristo. Todos nós declaramos submissão à Cabeça, que é Cristo. Mas Deus, com o seu profundo e implícito respeito pela liberdade, deixou a decisão final de agir ou não aos indivíduos que são tão plenamente livres quanto a via final comum.

O corpo oferece uma lição óbvia: todos os níveis de comunicação são importantes. A vida seria irremediavelmente complexa se o meu cérebro tivesse de dar ordens conscientes para cada contração muscular. Enquanto vou caminhando para o trabalho pela manhã, tenho liberdade de pensar nos meus pacientes ou nos pássaros chilreando nas árvores. Minhas pernas não precisam de orientações conscientes; seus músculos acompanham a sequência da atividade reflexa que está programada dentro delas. As unidades motoras descansam alternadamente em vez de todas ao mesmo tempo, de modo que a minha ação pode ser contínua e não truncada. Os meus neurônios, atentos a todas as outras partes do corpo, diminuem o meu ritmo se o coração se queixa, ou entram imediatamente em ação se eu tropeço.

Um corpo sadio apresenta uma bela e melodiosa harmonia entre o sistema nervoso central e os tecidos que ele controla. No entanto, em toda essa harmonia cada neurônio precisa determinar a própria ação baseando-se nos muitos impulsos recebidos. O microscópico computador de cada célula nervosa avalia as minhas intenções, consulta outros músculos, analisa hormônios, a disponibilidade de energia e a inibição de dor ou fadiga, depois emite uma ordem afirmativa ou negativa ao grupo de músculos correspondente.

Pense em você mesmo como uma unidade motora no Corpo de Cristo, uma dentre milhões. Como você decide a forma e o momento de agir? Qual é a orientação verdadeira? Um impulso "superior" deveria suplantar um impulso "inferior"?

Das conexões de cada célula, as mais numerosas e imediatas ligam-na a neurônios locais. Algumas são alimentadas por outras células motoras, algumas por células de dor, de pressão, de temperatura, de tônus muscular. Todas elas transmitem levas de dados que informam cada neurônio sobre como agir em comunidade. Acredito que Deus, de forma semelhante, delegou certos controles à igreja local. Como a igreja deveria atuar diante dos problemas da deterioração do centro urbano? Diante das crescentes pressões que desintegram as famílias? Diante de uma calamitosa inundação? Deus estabeleceu princípios que regem as respostas do Corpo inteiro, mas também designou que os grupos locais de seus seguidores determinem o papel de cada célula individual.

A Bíblia lista vários dons espirituais que deveriam ser usados na organização da hierarquia entre os membros locais. É interessante notar que, ao descrever os cargos na igreja, a Bíblia não recomenda que se procurem pessoas com habilidades técnicas. Não há sugestões para que um líder seja um bom administrador ou um hábil contador, nem mesmo alguém com potencial para liderar. As qualidades essenciais são qualidades espirituais: Qual é o comprometimento do dirigente com Deus? Ele controla o próprio temperamento? Como é a família dele? O ingrediente essencial para qualquer cargo na igreja listado na Bíblia não é nenhuma habilidade, é a lealdade. Deus parece dizer: Eu vou trabalhar com qualquer pessoa que me oferecerem desde que ela seja leal. Tendo-nos confiado a liberdade, Deus precisa que seus líderes estejam inclinados a exercer essa liberdade alinhando-se com a vontade dele. Uma célula habilidosa, mas desleal, pode iniciar uma atividade maravilhosa e impressionante, mas, assim como o músculo espástico, ela será inútil, a menos que se conforme com as necessidades do corpo.

Aqueles dentre nós criados em democracias ocidentais, que valorizam muito a autonomia e a liberdade, respondem rápido à imagem do corpo como um conjunto democrático em que a última decisão cabe às células individuais. Contudo, isso é apenas uma parte do quadro. Como afirmou o bispo Lesslie Newbigin,

> O objetivo do seu plano [de Deus] não é uma coleção de espíritos individuais abstraídos um por um. [...] Esse pensamento é incompatível com a visão bíblica de Deus, do homem e do mundo. A redenção com que ele se preocupa é social e cósmica, e portanto o seu funcionamento envolve em cada ponto a recriação de relações humanas verdadeiras e de relações verdadeiras entre o homem e o restante da ordem criada. Seu centro é necessariamente um feito realizado num ponto real e num lugar determinado da história. Sua forma de comunicação se dá por meio da comunidade humana na qual os homens renascem para um relacionamento novo de uns para com os outros e se tornam por sua vez o meio de trazer outros para esse novo relacionamento.[1]

Muitas vezes Deus nos fala não apenas por meio de uma abordagem direta à nossa alma, mas por meio de outros membros do seu Corpo. É precisamente esse processo que nos une a eles.

Alguns líderes cristãos desenvolveram esse relacionamento mútuo com outras células de formas desafiadoras. Os "metodistas" de João Wesley são assim denominados devido a seus métodos organizados de tornar os indivíduos responsáveis em relação aos outros. Dentro de grupos regulares que se reúnem semanalmente, cada membro responderia ao grupo: "Você enfrentou tentações esta semana? Você cedeu? Qual foi o seu crescimento

---

[1] NEWBIGIN, Lesslie. **The Household of God.** New York: Friendship Press, 1954. p. 109-110.

espiritual esta semana? Que aspecto da sua vida necessita de oração?". Os primeiros metodistas levavam a sério a cadeia de comando que, no Corpo de Cristo como no corpo físico, se estende horizontal e verticalmente.

Cada um de nós, como célula individual, enfrenta diariamente milhares de escolhas: o que comer no café da manhã, que estação de rádio ouvir, que pasta de dente usar, que vizinhos visitar, que telefonemas fazer. Além dessas trivialidades, há numerosas escolhas éticas: Como posso amar ao próximo como a mim mesmo? Será errado usar essa renda extra para comprar uma camisa nova? Que escrúpulos devo ter na minha declaração de imposto de renda? Como devo procurar orientações divinas sobre tais decisões? Os psiquiatras podem fornecer muitos exemplos de pessoas religiosas cheias de boas intenções que ficaram paralisadas exatamente por causa de problemas complicados como esses. O nosso cérebro está tão ocupado examinando a enxurrada de informações que a reação é uma desamparada inatividade.

Por esse motivo, a meu ver, a Bíblia estimula a apoiar-nos no contato com Deus e em sua Palavra de modo tão completo que as nossas ações cristãs se tornam reflexos do que somos. Se, diante de cada situação, preciso decidir se devo dizer a verdade, a vida fica desesperadamente complexa. No entanto, se tenho o reflexo da sinceridade que reage sem receber ordens de uma instância superior, posso aprender a "caminhar" como um cristão, sem pensar em cada passo que dou.

Paulo resumiu o processo de sermos marcados com os reflexos espirituais apropriados na passagem seguinte: "Não se moldem ao padrão deste mundo, mas transformem-se pela renovação da sua mente, para que sejam capazes de experimentar e comprovar a boa, agradável e perfeita vontade de Deus" (Romanos 12.2). Ele prossegue e faz a primeira menção explícita do Novo Testamento à analogia do corpo, seguida por uma lista de inesperadas ordens que revelam as implicações da vontade de Deus: odiar o mal, ater-se ao bem. Honrar uns aos outros mais que a si mesmo. Compartilhar o que se tem com os seguidores de Deus que estiverem necessitados. Não ser orgulhoso. Viver em paz com todos.

Paulo nunca se fixa em sutilezas psicológicas, nem explora todos os fatores relacionados com a família e a sociedade que dificultariam esse comportamento obediente. Ele não quer nos induzir a levar uma vida correta. Simplesmente expõe o que essa vida correta é e nos aconselha a "renovar nossa mente". Eu parafrasearia isso dizendo "conscientizar cada célula de sua identidade em Cristo". Tendemos a esquecer, a colocar o nosso eu instruído no lugar da Cabeça de Cristo. Paulo recomenda um processo de purgação mental, uma identificação consciente com a hierarquia estabelecida por Deus.

Com muita frequência, encontro cristãos que tendem a exibir a sua espiritualidade como uma aura do mundo sobrenatural. Segundo alguns, o cristão mais espiritual é alguém que afirma confiante: "Deus me disse que está na hora de eu comprar uma roupa nova" ou "Tenho certeza de que Deus quer que a nossa igreja use o dinheiro assim e assado". "Deus me disse" pode tornar-se uma maneira comum de falar. Na verdade, eu acredito que a maior parte do que Deus tinha para me dizer já está escrito na Bíblia e cabe a mim estudar com diligência a sua vontade ali revelada. Para a maioria de nós, mensagens misteriosas de uma linha direta com Deus não são a maneira comum de discernir a vontade dele. A orientação mediada pelas circunstâncias ou modificada pelo conselho de sábios amigos cristãos, embora parecendo menos espetacular, não é nada inferior.

Os universitários angustiam-se querendo saber que decisões tomar para o futuro, esperando que Deus os alerte com um estonteante plano feito sob medida e entregue pronto no endereço deles. Na Bíblia, Deus realmente empregou meios sobrenaturais, anjos, visões e coisas semelhantes para transmitir a sua vontade. Contudo, se analisarmos com cuidado esses incidentes, notaremos que poucos aconteceram em resposta a uma prece pedindo orientação. Geralmente eram inesperados e não solicitados.

Consideremos o tão citado exemplo do chamado de Paulo para dirigir-se à Macedônia. Espetacular, sim, uma vez que a visão de um homem acenou para o apóstolo pedindo-lhe que alterasse seus planos pessoais e se dirigisse para a Macedônia. Observe com cuidado, porém, que a visão levou Paulo a *mudar* seus planos. Nós esperaríamos que ele planejasse o futuro de uma forma que agradasse a Deus, mas esse incidente mostra que o apóstolo partira para a sua jornada missionária sem visão alguma, sem uma voz interior do Espírito. O mais provável é que ele tenha examinado a situação e escolhido o roteiro que lhe pareceu mais sensato. Mas o Espírito Santo queria que ele fosse para uma região inteiramente nova — e por isso interferiu de modo espetacular. Foi uma orientação excepcional, obviamente diferente daquelas de que Paulo via de regra dependia.

Quando buscava analogias para descrever o crescimento da fé no cristão individual, Paulo muitas vezes recorria ao atletismo: a corrida, o pugilismo, a luta. Os atletas demonstram bem a disciplina que pode treinar o corpo para realizar ações previsíveis e confiáveis. O jogador de beisebol Pete Rose pode contar com seus músculos reagindo num átimo para realizar um dos seus arremessos violentos e certeiros, porque ele próprio embutiu nos seus neurônios aquela exata reação em longas horas de treino. O corpo de um atleta sabe o que a mente quer e está equipado e treinado para conseguir o que ele deseja. Da mesma forma, o cristão individual empregaria melhor o seu tempo aperfeiçoando a obediência prática diária àquilo que Deus já revelou, em vez de empreender ardentes buscas de algum segredo mágico e evasivo como o Santo Graal.

Depois de enfatizar a orientação que vem da comunidade e dos reflexos treinados, devo rapidamente acrescentar que cada neurônio individual tem acesso direto ao cérebro. Embora esse caminho não seja frequentemente usado de maneira espetacular, ele está presente, e sua conexão sináptica pode proporcionar momentos estimulantes capazes de mudar a nossa vida.

Uma dessas experiências aconteceu comigo no primeiro ano que passei na Índia. Eu tinha um sentimento genérico que devia ser missionário. Por isso, depois da minha formatura, concordei em passar uma temporada na Índia, minha terra natal. Quando a escola de medicina me propôs a primeira visita, estipulei apenas um ano de contrato porque ainda estava incerto sobre o meu futuro. Fui para lá, lecionei, fiz cirurgias e desempenhei todas as atividades cotidianas de um médico num hospital.

Depois, passados alguns meses, visitei o dr. Robert Cochrane, um renomado especialista em pele, no leprosário de Chingleput, algumas horas ao sul de Madras. O meu hospital não admitia pacientes com lepra, e eu nunca tinha visto um deles profissionalmente. O dr. Cochrane mostrou-me as dependências do hospital, saudando pacientes que estavam de cócoras, ou que se arrastavam sobre pés envoltos em bandagens, ou que nos seguiam com seus olhos cegos e faces deformadas. Aos poucos o meu nervosismo (consequência de memórias da infância) deu lugar a uma espécie de curiosidade profissional, e os meus olhos foram atraídos para as mãos dos pacientes.

As mãos acenavam para mim e se estendiam em saudações. Eu analiso as mãos como algumas pessoas analisam o rosto — muitas vezes lembro-me melhor das mãos do que dos rostos. Mas aqui não estavam os fantásticos paradigmas de engenharia que eu estudara na escola de medicina. Aquelas mãos eram cotos retorcidos, enrugados, ulcerados. Algumas não tinham todos os dedos. Outras simplesmente não existiam mais. Por fim, não pude conter-me.

— Veja bem, Bob — eu disse, interrompendo o seu longo discurso sobre doenças cutâneas. — Não sei muito sobre pele. Fale-me dessas mãos. Como ficaram assim? Que fazem vocês a respeito delas?

Bob deu de ombros e disse: — Lamento, Paul. Não posso responder. Não sei.

— Não sabe? — retruquei obviamente, chocado. — Você tem sido um especialista em lepra todos esses anos e não sabe? Com certeza pode-se fazer alguma coisa por essas mãos!

Bob virou-se para mim quase furioso:

— E de quem é a culpa, pergunto eu, minha ou sua? Eu sou um médico de pele, posso tratar essa parte da lepra. Mas você é um médico que lida com ossos, um cirurgião ortopédico.

Mais calmo, com tristeza na voz, ele prosseguiu e me contou que nenhum cirurgião ortopédico estudara até então as deformidades de 15 milhões de vítimas da lepra espalhadas pelo mundo.

Enquanto continuávamos nossa visita, suas palavras calaram fundo na minha mente. No mundo inteiro, havia muito mais gente afetada pela lepra do que gente deformada pela pólio ou mutilada por acidentes de automóvel. E nenhum ortopedista para servi-los? Cochrane disse-me qual era, a seu ver, a razão disso: o simples preconceito. A lepra estava cercada por uma aura de magia negra. A maioria dos médicos não se aproximava dos pacientes leprosos. Os poucos que o faziam eram idealistas, ou sacerdotes e missionários.

Logo em seguida observei, sentado no chão, um jovem paciente que tentava tirar as sandálias. Suas mãos aleijadas não o ajudavam a segurar a tira da sandália entre o polegar e a palma da mão. Ele se queixava de que nunca conseguia segurar nada — tudo escorregava das mãos dele. Obedecendo a um súbito impulso, fui até ele.

— Por favor — disse eu no idioma tâmil —, posso examinar as suas mãos?

O jovem levantou-se e, sorrindo, apresentou-me as mãos. Segurei-as nas minhas, quase relutando. Mapeei os seus dedos deformados com os meus e estudei-os com cuidado. No fim, abri-lhe os dedos e segurei-os entre os meus num gesto de aperto de mão. —

Aperte a minha mão — ordenei —, o mais forte que puder.

Para minha surpresa, em vez de um toque fraco como eu esperava, uma dor intensa percorreu-me a mão. Seu aperto era como o de uma morsa, e os dedos afundaram na minha carne como garras de aço. Nenhum sinal de paralisia — na verdade, eu gritei e pedi que me soltasse. Olhei para ele com raiva, mas fui desarmado pelo doce sorriso em seu rosto. Ele não sabia que me estava machucando. E essa foi a pista. Ali, naquela mão gravemente deformada, havia músculos poderosos. Era óbvio que eles não estavam adequadamente equilibrados e que o jovem não sentia a força que estava empregando. Seria possível libertá-los?

Naquele momento eu tive a sensação de que todo o universo estava girando ao meu redor. Eu sabia que chegara ao meu lugar.

Aquele incidente singular em 1947 mudou a minha vida. Naquele instante eu conheci a minha vocação com a mesma certeza com que uma célula do meu corpo conhece a sua função. Cada detalhe da cena — as pessoas presentes no ambiente, a sombra da árvore, a face indagadora do paciente cuja mão eu segurava — tudo ainda está gravado na minha mente. Foi o meu momento, e eu havia sentido um chamado do Espírito de Deus. Fui criado para aquele único momento em Chingleput e, quando voltei para a minha base, eu sabia que precisava redirecionar a minha vida. Nunca duvidei disso desde aquele dia.

Uma presença

25

Uma presença

O Espírito Santo é a força nos músculos de um braço retesado, a película de suor entre rostos comprimidos, a umidade misturada no dorso de mãos que se apertam. Esse é o grau de sua proximidade e moderação, de sua força irresistível.

JOHN V. TAYLOR

Eu era um médico recém-formado dando plantão noturno em um hospital de Londres quando fiz a primeira visita à sra. Twigg, de 81 anos de idade. Aquela lépida e corajosa mulher vinha lutando contra um câncer na garganta, mas, apesar da voz rouca e engasgada, continuava espirituosa e alegre. Ela pedira que fizéssemos tudo o que fosse possível do ponto vista médico para prolongar-lhe a vida, e um dos meus professores havia removido a sua laringe e o tecido maligno adjacente.

A sra. Twigg parecia estar recuperando-se bem até por volta das duas da madrugada quando fui chamado urgentemente à sua ala. Ela estava sentada na cama, inclinada para a frente, com sangue escorrendo pela boca. Um terror violento enchia-lhe os olhos. Imediatamente percebi que uma artéria na parte posterior da garganta havia sido perfurada. Eu não conhecia outra forma de estancar o sangue a não ser enfiar-lhe um dedo na boca e pressionar o ponto latejante. Segurando-lhe o queixo com uma das mãos, explorei com o indicador o fundo da garganta escorregadia até encontrar a artéria e estancá-la com a pressão do dedo.

As enfermeiras limparam-lhe o rosto enquanto a sra. Twigg recuperava o fôlego e sufocava a sensação de náusea. Lentamente, o medo foi desaparecendo à medida que ela começava a confiar em mim. Passados dez minutos, quando ela voltara a respirar normalmente com a cabeça inclinada para trás, tentei remover o dedo para substituí-lo por um instrumento. Mas eu não conseguia enxergar o suficiente para guiar o instrumento e, cada vez que eu removia o dedo, o sangue jorrava de novo, e ela entrava em pânico. A mandíbula tremia, os olhos se projetavam e ela me agarrava violentamente o braço. Por fim, acalmei-a dizendo que eu simplesmente iria esperar, com o dedo bloqueando a hemorragia, até que o cirurgião e o anestesista chegassem ao hospital.

Procuramos uma posição mais conveniente. O meu braço direito enganchava-se por trás da cabeça dela, oferecendo-lhe apoio. A minha mão direita desaparecia quase inteira dentro de sua boca contorcida, permitindo que o indicador pressionasse o ponto crítico. Eu sabia por minha experiência em consultórios dentários como devia ser penoso e cansativo para a minúscula sra. Twigg abrir tanto a boca a ponto de quase envolver a minha mão inteira. Mas eu podia ver nos seus olhos de azul intenso a resolução de ficar naquela posição durante dias, se fosse necessário. Com o seu rosto a poucos centímetros do meu, eu podia sentir-lhe o medo mortal. Até o hálito cheirava a sangue. Os olhos suplicavam em silêncio: "Não se mexa — não me solte!". Ela sabia tão bem quanto eu que, se afrouxássemos aquela nossa posição esquisita, ela sangraria até morrer.

Ficamos sentados daquele jeito por cerca de duas horas. Os olhos suplicantes daquela senhora nunca abandonaram os meus. Duas vezes durante a primeira hora, quando cãibras musculares dolorosamente tomaram conta da minha mão, eu tentei removê-la para ver se a hemorragia estava estancada. Não estava, e, assim que a sra. Twigg sentia o jato de líquido quente subindo na garganta, ela me apertava o ombro ansiosa.

Nunca saberei como sobrevivi àquela segunda hora. Meus músculos gritavam agoniados. A ponta do indicador ficou totalmente entorpecida. Pensei em alpinistas que seguram parceiros durante horas suspensos por uma corda. Neste nosso caso, os dez centímetros de um dedo com câimbra, tão entorpecido que eu mal podia senti-lo, eram o fio que não permitia a perda de uma vida.

Eu, um médico recém-formado com menos de 30 anos de idade, e aquela senhora octogenária nos agarrávamos um ao outro com força sobre-humana porque não tínhamos escolha — a sobrevivência dela dependia disso.

O cirurgião chegou. Os assistentes prepararam a sala de operação, e o anestesista, as suas substâncias químicas. A sra. Twigg e eu, ainda presos naquele estranho abraço, fomos levados para a sala de cirurgia. Ali, estando todos a postos com seus instrumentos reluzentes, eu retirei lentamente o dedo da garganta dela. Não senti nenhum fluxo de sangue. Seria porque o meu dedo já não podia sentir? Ou será que o sangue depois de duas horas de pressão coagulara?

Retirei a mão da boca da sra. Twigg, e mesmo assim ela respirava sem dificuldade. A mão dela continuava agarrada ao meu ombro e os olhos permaneciam fixos no meu rosto. Entretanto, aos poucos, no início de forma quase imperceptível, os cantos dos seus lábios machucados e repuxados voltaram-se para cima, desenhando um sorriso. A coagulação tinha vencido. Ela não podia falar — não tinha laringe — mas não precisava de palavras para expressar sua gratidão. Ela sabia quanto os meus músculos haviam sofrido; eu conhecia as profundezas do seu medo. Durante duas horas naquela sonolenta ala hospitalar, nós dois quase nos tornamos uma só pessoa.

A evocação daquela noite com a sra. Twigg representa para mim quase uma parábola das conflitantes tensões do desamparo humano e do poder divino dentro de nós. Nesse caso, o meu treinamento médico valeu muito pouco. O que interessava era a minha presença e a minha disposição de reagir estendendo a mão e estabelecendo um contato com outro ser humano.

Juntamente com a maioria dos médicos que conheço, eu muitas vezes me sinto despreparado para lidar com o sofrimento real. A dor irrompe como um terremoto, com rapidez e devastação esmagadoras. Uma mulher sente um pequeno caroço num seio, e toda a sua identidade sexual começa a ruir. Uma criança nasce morta, e a mãe geme num mar de angústia: "Nove meses esperei por isso! Por que tantas mães abortam os seus bebês enquanto eu daria a minha vida por um bebê sadio?". Um menino é atirado contra o para-brisa do carro, e o seu rosto fica marcado para sempre. A sua memória liga e desliga como um interruptor com defeito... Os médicos, sempre cautelosos, não podem oferecer muita esperança.

Quando o sofrimento ataca, aqueles dentre nós que estão mais perto ficam arrasados com o choque. Reprimimos o nó na garganta, marchamos resolutos para visitar alguém hospitalizado, murmuramos algumas palavras animadoras, até procuramos artigos sobre o que dizer a quem está sofrendo.

Mas, quando eu pergunto a pacientes e suas famílias "Quem ajudou você no seu sofrimento?", ouço respostas estranhas, imprecisas. A pessoa descrita como o apoio no sofrimento raramente tem respostas fáceis ou uma personalidade cativante, ardente. É alguém discreto, compreensivo, que ouve mais do que fala, que não julga, nem dá muitos conselhos. "Um sentimento de presença." "Alguém ali, exatamente quando eu precisava." Uma mão para segurar, um abraço desconcertante e cheio de empatia. Um nó na garganta compartilhado.

Queremos fórmulas psicológicas tão precisas como as técnicas que estudei nos manuais de cirurgia. Acontece que a psique humana é demasiado complexa para caber num manual. O melhor que podemos oferecer é nossa presença, nosso olhar e nosso toque.

Vários temas se repetiram ao longo de todo este livro: a necessidade de servir à Cabeça com lealdade, a discreta natureza do rígido esqueleto do Corpo, a maciez e a flexibilidade da pele e a atividade curadora do Corpo de Cristo. Tomados juntos, esses aspectos proporcionam um sentimento de presença para o mundo — a presença de Deus.

Às vezes eu, como membro do Corpo de Cristo, sinto-me como se voltasse à sala hospitalar com a sra. Twigg. Todas as minhas partes — ossos, músculos, sangue, cérebro — colaboram perfeitamente para permitir que eu mantenha à distância a morte certa do meu paciente. No entanto, devo afugentar um sentimento de impotente futilidade. O máximo que posso fazer é estancar a hemorragia por pouco tempo, adiando a subsequente invasão do câncer terminal da sra. Twigg. Eu gostaria, em vez disso, de obter um milagre.

Será que o plano de Deus de possuir a terra por meio de um Corpo composto de frágeis seres humano é adequado diante da enormidade dos problemas do mundo? Essa pergunta merece o tratamento exaustivo de um livro muito mais extenso e mais sábio do que este. Eu posso, porém, capturar um vislumbre de como Deus se relaciona com o nosso planeta analisando as metáforas avançadas que ele nos deu.

Toda a linguagem de Deus é, obviamente, simbólica. "Pode alguém pôr o oceano em uma xícara de chá?", perguntou Joy Davidman. Palavras, mesmo pensamentos, não podem carregar a divindade. No Antigo Testamento, os símbolos de Deus na maioria das vezes expressavam a sua "alteridade". Ele aparecia como um Espírito tão cheio de luz e glória que quem se aproximasse morria fulminado ou retornava envolto em uma aura não humana. Moisés viu apenas as costas de Deus; Jó ouviu-o num redemoinho; os israelitas seguiram a nuvem gloriosa que era a sua *shekiná*, isto é, a indicação da sua presença.

Deve-se então estranhar se os judeus, acostumados a esse mistério e temerosos de proferir em voz alta ou escrever o nome de Deus, se esquivassem com medo diante das afirmações de Jesus Cristo? "Quem me vê, vê o Pai", disse Jesus (João 14.9), palavras que soavam ásperas aos ouvidos dos judeus. Jesus tinha, no fim das contas, passado nove meses como feto no ventre de uma donzela e crescera num ambiente humilde. Nas palavras de Chesterton, "Deus, que sempre fora uma circunferência, era visto como um centro; e um centro infinitamente pequeno".[1] Ao menos na aparência visível, Jesus se parecia demais com qualquer outro ser humano. As suspeitas dos judeus foram confirmadas quando ele sucumbiu à morte. Como Deus podia morrer? Muitos ainda se perguntam isso, tanto tempo depois de uma ressurreição que convenceu e incendiou os seus seguidores.

Contudo, Jesus partiu sem deixar nenhum outro corpo na terra para exibir o Espírito de Deus a um mundo que não crê — a não ser a vacilante e confusa comunidade dos seus seguidores, que em sua maioria o abandonou na hora da sua morte. *Nós* somos o que Jesus deixou na terra. Ele não deixou um livro, ou uma declaração doutrinal, ou um sistema de pensamento. Ele deixou uma comunidade visível para incorporá-lo e representá-lo perante o mundo. A metáfora seminal, o Corpo de Cristo, sugerida por Jesus e plenamente expandida por Paulo, só pôde surgir *depois* que Jesus deixou a Terra.

---

[1] CHESTERTON, G. K. **The Everlasting Man**. Garden City: Image Books, 1955. p. 174 [**O homem eterno**, Globo, 1934]

As grandes e decisivas palavras do apóstolo Paulo acerca do Corpo de Cristo foram endereçadas às congregações de Corinto e da Ásia Menor, às quais ele atacou logo em seguida por sua fragilidade humana. Note-se que Paulo, um mestre da comparação e da metáfora, não disse que o povo de Deus é "como o Corpo de Cristo". Em todas as passagens ele afirmou que nós *somos* o Corpo de Cristo. O Espírito veio e habitou entre nós, e o mundo conhece um Deus invisível principalmente pela nossa representação, a nossa "encarnação" dele.

"A Igreja nada mais é do que uma parte da humanidade na qual Cristo realmente tomou forma", disse Bonhoeffer.[2] Com demasiada frequência, nós nos esquivamos das duas premissas desse sumário. Desanimados, nós nos condenamos por continuarmos mostrando as imperfeições da nossa humanidade. Abatidos, negamos na prática, quando não na fé, que Cristo realmente tomou forma dentro de nós.

Três símbolos dominantes — Deus como uma nuvem gloriosa, Deus como homem sujeito à morte e Deus como um Espírito que reúne e une o seu novo Corpo — mostram uma progressiva intimidade, que vai do medo à humanidade compartilhada e desta à essência compartilhada. Deus está presente em nós, unindo-nos geneticamente a si mesmo e uns aos outros.

Onde Deus está no mundo? Como ele é? Já não podemos apontar para o Lugar Santíssimo ou para um carpinteiro em Nazaré. *Nós* formamos a presença de Deus no mundo por meio do seu Espírito que habita em nós. É realmente um fardo pesado.

———————

Depois da 2ª Guerra Mundial estudantes alemães ofereceram-se para ajudar a reconstruir uma catedral na Inglaterra, uma das muitas "vítimas" dos bombardeios da Luftwaffe. Enquanto a obra avançava, surgiu um debate sobre qual era a melhor forma de restaurar uma enorme estátua de Jesus de braços estendidos, que trazia a conhecida inscrição "Vinde a mim todos". Uma cuidadosa reconstrução conseguiu reparar todo o dano sofrido pela estátua, com exceção das mãos de Cristo, que haviam sido destruídas

---

[2] BONHOEFFER, Dietrich. **Ethics**. London: SCM Press, 1971. p. 64 [**Ética**, 7. ed., Sinodal, 2005]

por fragmentos de bombas. Eles deveriam tentar a delicada tarefa de refazer aquelas mãos?

Finalmente os restauradores chegaram a uma decisão que perdura até os dias de hoje. A estátua de Jesus não tem mãos, e a inscrição de hoje diz: "Cristo não tem mãos, a não ser as nossas".

Apresento-lhes um mistério: "Nele vocês também estão sendo edificados juntos, para se tornarem morada de Deus por seu Espírito" (Efésios 2.22).

Bibliografia

ANDREWS, Michael. **The Life that Lives on Man.** New York: Taplinger Publishing Co., 1976.

BEVAN, Edwyn. **Symbolism and Belief.** London: 1938.

BOURNE, Geoffrey H. (org.) **The Biochemestry and Physiology of Bone.** New York: Academic Press, 1959.

BULLOCK, Theodore Holmes. **Introduction to Nervous Systems.** San Francisco: W. H. Freeman and Co., 1977.

CARLSON, Anton J.; JOHNSON, Victor; CAVERT, H. Mead. **The Machinery of the Body.** Chicago: The University of Chicago Press, 1976.

CARTERETTE, Edward C. & FRIEDMAN, Morton P. (org.). **Handbook of Perception.** V. 3. New York: Academic Press, 1973.

CHRISTMAN, R. J. **Sensory Experience.** Scranton: Intext Educational Publishers, 1971.

COLE, Alan. **The Body of Christ.** Filadélfia: Westminster Press, 1964.

COMMUNICATIONS RESEARCH MACHINES. **Biology Today.** Del Mar, 1972.

CURTIS, Helena. **Biology: The Science of Life.** New York: Worth Publishers, 1968 [**Biologia,** 2. ed., Guanabara Koogan, 1977].

DRUMMOND, Henry. **Natural Law in the Spiritual World.** London: Hodder and Stoughton, 1887.

ECKSTEIN, Gustav. **The Body Has a Head.** New York: Harper & Row, 1969.

ESPENSCHADE, Anna S. & ECKERT, Helen M. **Motor Development.** Columbus, Ohio: Merril Books, Inc. 1976 [**Desenvolvimento motor,** Manole, 1993].

GALAMBOS, Robert. **Nerves and Muscles.** Garden City: Doubleday & Co., 1962 [**Nervos e músculos:** uma introdução à biofísica, Edart, 1973].

HERBERT, Don e BARDOSSI, Fulvio. **Secret in the White Cell**. New York: Harper & Row, 1969.

HUXLEY, Thomas Henry. **The Crayfish**. Cambridge: MIT Press, 1880.

KENSHALO, Dan R. **The Skin Senses**. Springfield: Charles C. Thomas, 1969.

LANGLEY, LeRoy. **Physiology of Man**. New York: Van Nostrand Reinhold Co., 1971.

LENIHAN, John. **Human Engineering**. New York: George Braziller, 1974.

MILLER, Jonathan. **The Body in Question**. New York: Random House, 1978.

MINEAR, Paul S. **Images of the Church in the New Testament**. Philadelphia: Westminster Press, 1960.

MONTAGNA, William. **The Structure and Function of Skin**. New York: Academic Press, 1956.

MONTAGU, Ashley. **Touching**. New York: Columbia University Press, 1971 [**Tocar:** o significado humano da pele, 8. ed., Summus, 1988].

NILSSON, Lennart & LINDBERG, Jan. **Behold Man**. Boston: Little, Brown and Co., 1973.

NOURSE, Alan E. **The Body**. Alexandria: Time-Life Books, 1964 [**O corpo humano**, José Olympio, 1969].

ROBINSON, John A. T. **The Body**. London: SCM Press, 1952.

SPEARMAN, R. I. C. **The Integument**. London: Cambridge University Press, 1973.

STEVENS, Leonard A. **Neurons: Building Blocks of the Brain**. New York: Thomas Y. Crowell Co., 1974.

SUTTON, Richard L., Jr. **The Skin: A Handbook**. Garden City: Doubleday & Co., 1962.

TAYLOR, John V. **The Go-Between God**. Philadelphia: Fortress Press, 1974.

TRICKER, R. A. R. & TRICKER, B. J. K. **The Science of Movement**. New York: American Elsevier Publishing Co., 1967.

VON FRISCH, Karl. **Man and the Living World**. New York: Harcourt, Brace & World, 1949.